Mannoun Chimelli

Amar os adolescentes

2ª edição

@editoraquadrante
@editoraquadrante
@quadranteeditora
Quadrante

São Paulo
2024

Copyright © 2005 Quadrante Editora

Capa
Provazi Design

Dados Internacionais de Catalogação na Publicação (CIP)

Chimelli, Mannoun
 Amar os adolescentes / Mannoun Chimelli — 2ª ed. — São Paulo: Quadrante, 2024.

 ISBN: 978-85-7465-698-4

 1. Adolescência - Vida religiosa 2. Adolescentes - Relações familiares 3. Adolescentes - Conduta de vida 4. Educação 5. Psicologia do adolescente I. Título

CDD-305.2355

Índice para catálogo sistemático:
1. Adolescentes : Desenvolvimento : Sociologia 305.2355

Todos os direitos reservados a
QUADRANTE EDITORA
Rua Bernardo da Veiga, 47 - Tel.: 3873-2270
CEP 01252-020 - São Paulo - SP
www.quadrante.com.br / atendimento@quadrante.com.br

SUMÁRIO

INTRODUÇÃO 5

QUEM É O ADOLESCENTE? 15

PARA AMAR OS ADOLESCENTES............. 49

ADOLESCENTES SAUDÁVEIS
ELABORANDO O SEU PROJETO
DE VIDA... 79

PONTOS A PONDERAR PARA AJUDAR
OS ADOLESCENTES................................ 103

CONCLUSÃO 123

ADOLESCÊNCIA: PROBLEMA OU
OPORTUNIDADE? 127

INTRODUÇÃO

*"Viver, e não ter a vergonha de ser feliz...
Cantar e cantar e cantar...
a beleza de ser um eterno aprendiz..."*

Essa letra do nosso cancioneiro, composta e tão lindamente interpretada pelo nosso Gonzaguinha — que saudade! —, retrata muito bem o adolescente e tudo o que a ele se refere.

Não se pode deixar de perceber que existe no ambiente um estereótipo negativo quanto aos adolescentes. Você mesmo, caro leitor, se fosse interrogado, como responderia à pergunta: "Quem são, para você, os adolescentes?"

As respostas variam tanto! As opiniões são as mais diversas:

— São uns "aborrescentes", não aguento mais essa criatura... Será que um dia isso passa?..., dizem muitos.

— Não entendo mais o meu filho; de repente, temos um estranho lá em casa!...

— Ah, gostaria de ter adormecido quando o meu filho entrou na adolescência e só acordar quando ele chegar aos trinta anos...!, dizem outros, com cara de desalento.

Outros ainda falam desses seres "que passam da vertical para a horizontal" — porque são considerados uns "preguiçosos, indolentes, que só querem ficar deitados"... E alguns até chegam a considerar essa fase tão bela da vida como uma doença, rotulando-a de "adolescentite" ou "adolescentose"!

Isto sem falar naqueles tipos "urubulinos" que, ao cruzar-se no caminho com pais felizes passeando com os seus pequenos, a empurrar os carrinhos de bebê ou ajudando os mais crescidos com os seus triciclos e bicicletas, lhes dizem ao ouvido, com voz sombria: "Agora são umas gracinhas, mas espere até chegarem à adolescência"... E depois vão-se embora, muito satisfeitos, como se tivessem feito um grande favor, quando na verdade agiram como "aves agourentas".

Não têm fim as queixas dos adultos que, ao falarem dos adolescentes, costumam tomar "ares de vítima" e externar as suas impressões fazendo um drama, suspirando, aparentando infelicidade — ou será raiva? — ou perplexidade e desapontamento... Queixas e mais queixas...

Para você, caro leitor, quem são os adolescentes? Ao ouvir tantos e tão diferentes comentários sobre essa fase da vida, que ideias circulam em sua cabeça? Consegue pensar bem deles ou também associa adolescência, puberdade, rebeldia e mocidade, com delinquência, malandragem, drogadição, promiscuidade, petulância, inconsequência, vandalismo, pichação...?

Como trata esses — assim considerados — "seres estranhos"? Prefere guardar distância, dá um sorriso, sacode os ombros, murmura entre dentes que "não tem jeito mesmo"... e acrescenta mais queixas e casos?

Por que esse "terrorismo" quanto aos adolescentes? Acaso não podem ser amados — melhor, não devem ser amados? Pode haver esperança para os adolescentes e seus pais?

Isto é o que pretendo demonstrar, procurando ajudar a ver "o outro lado" dos adolescentes, as facetas bonitas e aquelas características que lhes são próprias e que nós mesmos, adultos, deveríamos cultivar ao longo de nossas vidas...

Acredito que anda fazendo falta entre nós — e muita falta!, especialmente em Educação — o resgate da capacidade de admirar (*ad* = para fora, *mirare* = olhar).

É a capacidade que só o ser humano tem de olhar para fora de si mesmo, de olhar ao redor, com um olhar que valoriza.

Não se trata daquele "admirar" que exprime espanto, mas de um olhar encantado, capaz de apreciar as pessoas com as suas qualidades e defeitos — que todos temos —, os acontecimentos cotidianos simples, o meio ambiente, a natureza, o céu estrelado, as flores e frutos, os passarinhos... o viver!

Foi assim que me ocorreu o desejo de apontar "pistas", a fim de que se possa ter para com os adolescentes esse olhar admirador, alegre — que nos mantenha a todos bem a salvo da "vergonha de ser feliz"...

Isto porque, ao observar atentamente o ambiente que nos rodeia, não é verdade que às vezes observamos um certo ar "envergonhado" quando alguém revela que é feliz? Por que será? Se uma pessoa possui os cinco sentidos, e além disso pode caminhar, e é capaz de dormir e acordar todos os dias, além de contemplar tantas belezas existentes ao seu redor, nas pessoas e na natureza, por que não encontrará aí uma excelente ocasião para sentir-se feliz, e até mesmo — por exemplo — cantar? Por que não é capaz de entender, amar, viver e desfrutar com alegria do que tem, ao invés de lamuriar-se e queixar-se pelo que não tem ou pelo que lhe falta?

Quem vê os adolescentes com olhos desejosos de descobrir o seu lado positivo é capaz de reconhecer neles uma imensa vontade de viver, uma energia invejável, impressionante criatividade e incrível capacidade de persuasão. Curiosos, dominam os eletroeletrônicos com rara habilidade, são solidários e generosos — quando desejam algo ardentemente, não medem esforços para consegui-lo —, têm um aguçado senso de justiça, são participativos, acreditam, sonham, esperam, amam...

Estão sempre a ensinar-nos alguma coisa com a sua vida e as suas argumentações (tantas vezes muito sábias!), desde que nos situemos como bons ouvintes (e perguntadores também), não sobre eles próprios (calam-se... por um pudor natural em revelar-se), mas sobre temas de atualidade, situações, política e economia mundiais, voluntariado, habilidades...

A par das qualidades, os adolescentes têm, sem dúvida, essas sombras de que os pais se queixam: incomodam, contestam, querem as coisas *já*, questionam, compram (o *marketing* que o diga!), não fazem a menor questão de parecer amáveis (embora suspirem por ser tratados com afabilidade e carinho...), deixam-se arrastar pela "turma"... Atravessam uma fase perigosa, certamente, que inspira cuidados. Mas nem por isso são "seres estranhos"; são pessoas como você ou eu, mas que estão passando por uma fase singular da vida.

São estas e outras características que desejo compartilhar com aqueles que se dispõem a ler estas considerações e, quem sabe?, conseguir que também admirem os adolescentes e os olhem com encanto, como eu mesma continuo a fazer ao longo dos anos em que venho convivendo profissionalmente com eles.

E mais que admirá-los, amá-los. Porque os adolescentes necessitam, como todo o ser humano, de ser cercados de muito carinho, ouvidos, atendidos.... Não, não são seres humanos diferentes — são especiais, repito, e entendo que, para conviver bem com eles, é necessário amá-los!

O desejo de comunicar a minha experiência médica pessoal no atendimento aos adolescentes e às suas famílias levou-me a escrever estas páginas, na esperança (será pretensão?) de favorecer o diálogo, a compreensão e uma visão mais otimista e real da adolescência: *amar os adolescentes*, porque, no meu entender, é isso que anda faltando entre nós...

E em que consiste esse amor? Como conseguir "chegar lá?" São tantas as vezes que escuto perguntas como essas, que achei preferível cingir-me aqui a este ângulo.

Procurarei, pois, descrever um pouco da minha experiência no convívio com os adolescentes através do olhar profissional, sim, mas sobretudo através da vivência de quem decidiu dedicar-se a esses seres que se encontram numa linda fase da vida, cheia de beleza e potencialidades escondidas no seu jeito meio petulante, meio tímido de ser...

QUEM É O ADOLESCENTE?

Um caleidoscópio. Curioso brinquedo em forma de cartucho, que contém no seu interior vários fragmentos soltos de vidro colorido. Fazendo-o girar, sucedem-se as imagens mais variadas e coloridas, encantando o observador que ali permanece com o olhar fixo...

Os adolescentes fazem-me lembrar os caleidoscópios. No decorrer de um mesmo dia, apresentam as facetas mais variadas. Levantam-se aborrecidos (saem da cama sempre com sono, especialmente para de ir para a escola...). Depois do café da manhã (para aqueles que têm este saudável costume), já estão mais alegres... Vão à escola cantarolando, e subitamente põem-se cabisbaixos, taciturnos. Se interrogados nesse momento, respondem com monossílabos e afastam-se, porque, em geral, nem eles mesmos sabem explicar essas mudanças de humor! Momentos depois, já estão novamente fazendo algo, mexendo nas suas coisas ou, horas mais tarde no seu quarto, escutando música, falando entusiasmados ao telefone...

Comenta um autor, a respeito destas grandes oscilações de humor nas vinte e quatro horas de um dia, que se pode dizer dos adolescentes que "quase todos apresentam sintomas de «loucura passageira»"...

Por outro lado, já observaram as amendoeiras — tão comuns no nosso Brasil —, como se apresentam entre o fim do inverno e o início da primavera? Todos os tipos de folhagem coexistem na mesma árvore: folhas secas que caem sob o vento, galhos sem folhas, outros cheios de brotos com algumas folhas tenras, folhagem que vai do tom amarelado ao acobreado... Lindo espetáculo, especialmente para quem mora junto do mar e tem "olhos de ver"...

Como as amendoeiras, assim imagino os adolescentes! Quem não os identifica ao primeiro olhar? Tantas mudanças num mesmo dia, alternância de atitudes, fortaleza e desânimo, altruísmo e rebeldia, querer agora e já não mais querer... E, apesar dos pesares, crescem, passam diante de nós empertigados, viçosos, abrindo-se para a vida, altaneiros...

A adolescência é uma fase da vida, não é a vida!

A adolescência é uma fase da vida, como são fases a infância, a juventude, a vida adulta, a maturidade e a velhice. Sempre que recordo aos pais que, como fase que é, passa!..., sorrio ao ver estampada em seus rostos uma expressão de alívio, suspiros e sorrisos quando se dão conta dessa realidade em que talvez ainda não tivessem pensado...

No entanto, muito já se escreveu sobre ela, e é fácil encontrar literatura abundante a seu respeito[1]! A psicologia e a educação sempre se ocuparam dela, ao passo que na Medicina só começou a encontrar um "espaço" na década de cinquenta, com Gallagher, primeiro na Inglaterra, mas depois praticamente em todos os países. Hoje, tornou-se alvo de atenção multiprofissional.

Também é verdade que agora se conhece um pouco mais sobre os adolescentes por relatos, peças teatrais, entrevistas e

---

(1) Veja-se, por exemplo: Gerardo Castillo, *O adolescente. Rebeldia e evasão*, Quadrante, São Paulo, 1991; idem, *Educar para a amizade*, Quadrante, São Paulo, 1999, especialmente as pp. 127-204 e 205-267; James Stenson, *Enquanto ainda é tempo*, Quadrante, São Paulo, 2002. Ver também as outras obras citadas nestas páginas.

depoimentos deles mesmos. E a Medicina dos Adolescentes é hoje uma especialidade reconhecida pela Sociedade Brasileira de Pediatria, que a considera "o término da Pediatria", uma vez que se acompanham as pessoas até atingirem o seu completo crescimento e amadurecimento biológicos. Mas, embora essa especialidade seja bem conhecida nos grandes centros urbanos, mesmo ali muitas pessoas ainda confundem o médico que atende adolescentes com o psicólogo, devido ao "ar de mistério" que costuma cercar esses estranhos seres.

Na verdade, não são nada estranhos.

A Organização Mundial da Saúde conceitua como adolescentes todos aqueles que se encontram na faixa etária entre os dez e os vinte e um anos de idade. Não são tão numerosos quanto aparentam ser quando os vemos sair das escolas como um bando de pássaros em alegre e barulhenta revoada... Constituem hoje, no Brasil, cerca de 20% da população, aproximadamente um quinto dos brasileiros.

Afirmam muitos estudiosos que a adolescência é um fenômeno mais social e cultural do que etário, e que praticamente só ganha evidência no mundo ocidental, uma vez que, em culturas ainda não tão afetadas pela mídia, a passagem da infância para a vida adulta acontece de modo natural. Tanto é assim que, entre as culturas indígenas e nas regiões do interior, é comum que as crianças passem serenamente da infância para a vida adulta, sem os conflitos que normalmente se observam no nosso meio, nas cidades.

Por outro lado, é inegável que a adolescência não é um "fenômeno" recente. Para comprová-lo, basta lermos a seguinte frase:

> Não vejo esperança para o futuro do nosso povo, se ele depender da frívola mocidade de hoje, pois todos

os jovens são indizivelmente frívolos. Quando eu era menino, ensinavam-nos a ser discretos e a respeitar os mais velhos, mas os moços de hoje são excessivamente sabidos e não toleram restrições...

Acreditem: esta observação foi feita por um poeta grego, Hesíodo, no século VIII — antes de Cristo!...

Importa muito distinguir entre adolescência e puberdade, que as pessoas geralmente misturam e muitas vezes confundem. São dois fenômenos distintos, que podem iniciar-se ao mesmo tempo ou manifestar-se independentemente um do outro.

A puberdade corresponde ao crescimento físico, corporal, visível e mensurável com fita métrica e balança, ou seja, corresponde às medidas de peso e altura, assim como às outras mudanças corporais. As glândulas sexuais iniciam a sua atividade e os hormônios circulantes respondem pelas mudanças observadas nas formas físicas das meninas e meninos, que se modificam com maior ou menor rapidez. Inicia-se por volta dos nove a dez anos de idade e completa-se aos vinte e um, com a maturação biológica.

Já a adolescência propriamente dita situa-se no plano psico-sócio-espiritual. São as mudanças que ocorrem na forma de ser, muito mais sutis e sem delimitações precisas. Corresponde à descrição feita por muitos, que comentam:

— De repente, não conheço mais o meu filho... Ontem mesmo falava como um menino, hoje está introvertido, calado, pensativo..., ou contestador, de "nariz em pé", opinando como um adulto...

Em termos cronológicos, não se sabe dizer quando começa e quando termina a adolescência propriamente dita, porque encontramos pessoas que, aos vinte e cinco, trinta ou mesmo quarenta anos, ainda manifestam características da adolescência... Correspondem àquelas pessoas que não encontraram — ainda — as suas próprias respostas às chamadas Questões Vitais, que não descobriram — ainda — o sentido de suas vidas, um sentido para o seu viver, e não conseguiram elaborar — ainda — o seu projeto de vida. Mudam de profissão, de trabalho, de temperamento, de humor, de afetos; são instáveis, querendo que o mundo e as pessoas girem em torno delas...

Adolescentes de ontem, hoje e sempre...

No entanto, é inegável que os adolescentes apresentam características bio-psico-sócio-espirituais próprias; não são "diferentes" nem "estranhos", mas vivem um momento da vida com necessidades especiais, devido à rapidez das mudanças que sofrem.

Um grande especialista dos nossos dias comenta:

> A adolescência é, sobretudo, uma crise de originalidade. O adolescente descobre, pela primeira vez, que é um ser diferente dos outros. Na adolescência, torna-se possível a descoberta dos seres (da própria pessoa e dos outros) e a ampliação do horizonte individual[2].

Para melhor conhecer os adolescentes e, em consequência, para amá-los, é necessário observar algumas características que lhes são próprias:

a) O adolescente é um *"vir-a-ser"*; ou seja: não é mais uma criança e... ainda não é um adulto... Este "vir-a-ser" deixa-o

---

(2) A.T. Jersild, *Psicologia da Adolescência*, Ed. Nacional, São Paulo, 1961.

numa posição muitas vezes desconfortável, como alguém que estivesse sentado entre duas cadeiras — uma, a da infância; e a outra, a da vida adulta. Assim, é comum que escutem (e ficam muito bravos com isso!):

— Você não vê que ainda é muito pequeno/a para (por exemplo) dirigir, ou sair sozinho, ou ter as chaves da casa...? — cadeira da infância.

E outras vezes:

— Ora, olhe só o seu tamanho! Você não vê que já está muito grande para (por exemplo) deitar-se no meu colo, ou chorar desse jeito só porque não o deixamos sair com Fulano e você não conseguiu o que queria...? — cadeira da vida adulta.

b) O adolescente é um ser que *passa por inúmeras e rápidas mudanças*:

— está crescendo em "quantidade" — aumenta de peso e altura, aumenta na força física, na capacidade mental etc... —

e crescendo também em "qualidade", uma vez que passa por profundas e rápidas mudanças na sua forma de ser;

— ao contrário da criança, que cresce sem ter consciência disso, o adolescente cresce e sabe que está crescendo. Por isso compara-se com os outros, mas não gosta de ser comparado; espera (e deseja) ser exigido, mas ao mesmo tempo parece muitas vezes demonstrar o contrário, quase sempre cansado para tudo o que não seja do seu interesse...

c) O adolescente é ainda alguém que *interroga e se interroga*, e então se encanta com aquilo de que é capaz, ao mesmo tempo que se assusta com aquilo de que já é capaz...

Pode-se dizer que nesse movimento reside um dos motivos pelos quais se sente (e se manifesta) ao mesmo tempo tímido e audaz, cheio de temor do perigo e "valente".

Em consequência, às vezes é ousado, irreverente, solidário, sonhador, generoso, curioso, ao passo que outras vezes é rebelde e agressivo, duas manifestações do medo. Experimenta ao mesmo tempo tristezas e alegrias, bom e mau humor, sensação de onipotência e de desamparo, inquietações e agressividade, energia e preguiça, urgência e desmazelo, amor e raiva, curiosidade e desejo de experimentar, medo e audácia...

Se quisermos tirar a "resultante" destes aspectos contraditórios, porém, veremos que o traço predominante é positivo: quase sempre são profundamente sequiosos do Bem e do Belo e têm autêntico "sangue de herói"!

A partir do que acabamos de ver, poderíamos resumir assim as necessidades que se fazem mais prementes e evidenciáveis num adolescente:

— *Ser ele mesmo*: o adolescente busca a *identidade pessoal*, e não quer mais ser conhecido como "o filho — ou o neto ou o sobrinho — do sr. Fulano ou de da. Beltrana". Quer ser chamado pelo seu nome próprio, não mais pelo diminutivo familiar. Ah, e sobretudo odeia expressões do tipo "como você cresceu!"...

— *Estar consigo mesmo*: desperta e cresce nele o anelo da *intimidade*; deseja estar só, conhecer-se melhor, olhar para dentro de si mesmo.

— *Integrar-se em uma "turma"*: a par do desejo de intimidade, apresenta uma *sociabilidade* aparentemente inesgotável, e pode passar horas e horas com a sua "tribo".

— *Valer-se por si mesmo*: é um desejo inerente ao ser humano, mas especialmente na fase em que se descobrem as capacidades e potencialidades em vista da autorrealização.

— *Poder escolher e decidir*: a *autonomia* confere segurança e prepara a pessoa para que, um dia, saiba que rumo dar à própria vida, sem depender deste ou daquele.

— *Ter êxito*: quem não quer sair-se bem na vida? No adolescente, esse desejo manifesta-se por uma *confiança* às vezes excessiva nas suas capacidades e uma falta completa de senso à hora de avaliar quanto custam as realizações humanas, como aliás é próprio de quem está aprendendo a caminhar com os próprios pés.

— *Amar e ser amado*, a maior e mais profunda necessidade de todo o ser vivo! Uma planta bem cuidada, um animal bem tratado — como melhoram! E que dizer do ser humano? Só o *amor* realiza a plenitude da existência, que almeja e busca sempre a *aceitação*!

Justamente o despertar desta necessidade é a principal característica da adolescência — estou falando da necessidade de amar e de ser amado, não apenas da sexualidade! —, e por isso tem de ser orientada e monitorada com especial cuidado. Se tudo correr bem, protegida pela castidade e pela pureza, a capacidade de amar desabrochará numa belíssima *maturidade de coração*, generosa e aberta às grandes doações. Se correr mal, porém, produzirá personalidades egoístas e deformadas, incapazes de dar-se, talvez pelo resto da vida.

Fatores de risco

Comentava o dr. Solun Donas, consultor de Adolescência da OPAS para as Américas, no Seminário Ibero-Americano de Adolescência, no ano 2000, em Belo Horizonte (MG):

> Os fatores de proteção e os de risco incidem sobre adolescentes e jovens (dez a vinte e quatro anos) com

igual intensidade, através dos meios de comunicação de massa, da estrutura social dos valores, dos modos de produção (a Economia, no país e no mundo), dos conceitos de saúde e doença, e de um marco conceitual de Educação, que interferem direta ou indiretamente sobre o trabalho, família, escola, lazer, amigos.

Tais interferências favorecem ou dificultam, nesta fase tão importante da vida, o crescimento e o desenvolvimento, a busca da identidade e a busca da independência, a criatividade, a autoestima e o juízo crítico, a sensibilidade e a afetividade, o plano de vida, a sexualidade, a educação, as conhecidas necessidades de todos os seres humanos.

O estilo de vida que estes adolescentes e jovens venham a ter é que determinará o baixo ou alto risco quanto aos distúrbios afetivos, de conduta e de aprendizagem, a violência social e ecológica, gravidez, DSTs / HIV, abuso de drogas, acidentes e suicídios.

Na linha destas observações, penso ser interessante especificar pelo menos alguns dos chamados Fatores de Risco mais comuns e, logo a seguir, os Fatores de Proteção, para que pais e educadores possam ajudar os adolescentes a evitar os primeiros e valer-se dos segundos. Não é verdade que, quando os diferentes segmentos da sociedade se decidem a unir-se e atuar pelo bem comum — no caso, o bem dos filhos —, muitas coisas começam a mudar?

Vamos então aos *fatores de risco*:

a) *Violência*. Todo ser humano possui certo grau de agressividade. Uma agressividade normal tem um objeto, dirige-se a algo ou a alguém, e pode ser bem orientada; já a violência é sempre um fator de risco porque não tem um objeto, é indeterminada, dirige-se por nada, "de graça", a qualquer um. Pela sua propensão para a revolta e pela tendência a formar "turmas" ou "gangues", o adolescente está especialmente exposto a este risco, sobretudo se vier de uma família disfuncional.

b) *Falta de limites*. Torna-se um fator de risco porque o sentimento de autossuficiência próprio do adolescente — ele pensa que pode fazer o que bem quiser — deixa-o sem um eixo, um norte, sem o anteparo das convicções e critérios de conduta. Dificilmente saberá dizer *não*, e menos ainda saberá explicar *por que não*, quando a consciência o urgir a uma recusa. Por paradoxal que pareça, a ausência de limites torna-o inseguro; são os pais que têm de exercer a difícil arte de impor limites desde o começo e com firmeza, com a disposição de "ficar mal" se necessário...

c) *Hedonismo*. A busca do prazer pelo prazer constituirá sempre um fator de risco para o adolescente, já que o leva a prestar culto ao "corpo" e a fugir de tudo o que represente algum tipo de sofrimento, além de o induzir a ver os outros como uma coisa, um objeto a ser comprado ou usado e descartado... As graves consequências deste modo de viver são representadas por todo um vasto cortejo de "ismos", entre os quais não se pode deixar de frisar o *egoísmo* (só vale o *eu*, o *meu*, o que é bom *para mim*...), o *consumismo* (a ansiedade de possuir, de comprar, o sofrimento de não ter a *grife*, o fanatismo do conforto, do "passar bem" a qualquer preço...) e o *materialismo* (gerador da falta de valores)...

d) *Ociosidade*. Um grande fator de risco, por ser fonte de tantos vícios e doenças.

e) *Pressões sociais e ambientais*. Sempre serão fatores de risco, sobretudo para as moças: pela insistência para que "se dispam em nome da moda", ou para que sejam "sensuais" e só cuidem do corpo, para que "façam sexo" sem o "risco" de ter filhos, ou pratiquem o aborto... Atenção ao exagero de estímulos para que sejam modelos — manequins, desfiles, *books* —, e para o perigo de encherem a cabeça de futilidades ("paqueras", "personalidades", compras) e se deixarem arrastar pela vaidade tola...

f) *Permissividade na família*. Quando os filhos (de qualquer idade!) ouvem frases deste tipo: "Pode fazer o que quiser, desde que... não me incomode, não engravide, não me apareça com DSTs" etc., interpretam-nas corretamente como uma "indiferença" crassa por parte dos pais. Este é, sem dúvida, um dos piores fatores de risco para qualquer adolescente.

g) *Mídia*. É outro enorme fator de risco, sempre que seja mal utilizada, porque distorce os valores ao expor ao ridículo a família, a fidelidade, o compromisso, a lealdade, a honestidade, o verdadeiro sentido do amor..., e promove o egoísmo, o "vale tudo", a ambição de triunfar, o sexo meramente genital e irresponsável... Deixar uma televisão no quarto dos filhos, mesmo adolescentes, e não conversar com eles sobre o que estão vendo, que revistas compram e leem, o que buscam na *internet*, é entregá-los "de bandeja" nas mãos dos piores aproveitadores.

h) *Conceitos distorcidos na educação*. As ideologias redutoras do ser humano, como o marxismo (mesmo "aguado"), o freudismo, o relativismo, impressionam muito os adolescentes porque proporcionam explicações simplistas e radicais para os absurdos que presenciam na sociedade. Os pais precisam saber o que os filhos pensam e, se não têm condições de acompanhar o que lhes ensinam na escola ou na Faculdade, devem procurar a orientação adequada — *para si* e para eles...

Não se trata aqui de alongar a lista dos muitos fatores de risco, mas de mencionar aqueles com que a família mais depara no dia a dia e que tanto confundem os adolescentes, interferindo no seu sadio desenvolvimento.

Vale a pena, porém, abrir um parêntese e deter-nos em um desses fatores: o da enxurrada de apelos para uma sexualidade mal entendida, propalada através de verdadeiras manipulações semânticas, numa propaganda que proclama a torto e a direito o novo, e quase diríamos único, mandamento da sociedade: "Faça sexo seguro"...

Ora, o que significa essa expressão? Se aos profissionais de cirurgia, laboratório, enfermagem — a todos os que lidam com elementos sanguíneos —, se recomenda o uso de *dois* pares de luvas (as luvas de borracha são feitas do mesmo material dos preservativos!), não chega a ser autenticamente criminoso que se divulgue: "Use camisinha e faça sexo seguro"? Nenhum profissional da saúde deveria deixar de conhecer — e de ensinar! — o que o Secretário Geral da OMS pronunciou em comunicado oficial:

> A OMS faz saber que somente a abstinência dos solteiros e a absoluta fidelidade dos casais será capaz de deter a epidemia de AIDS.

O que se vê, lamentavelmente, é que cresce a escalada do erotismo doentio, *promovida* infelizmente pela incoerência dos que deveriam lutar para que a nossa juventude viva, e viva bem! Em nome de compromissos internacionais, submetem-se os mais novos, ainda incapazes de criterioso discernimento e fracos de vontade, a campanhas maciças de desorientação sexual. E quando se apela hipocritamente para a liberdade de comunicação, tendo em vista, na realidade, minar os alicerces das estruturas naturais de defesa do ser humano — a família e a educação —, apenas se está consentindo e concordando com a lenta destruição dos direitos humanos! Atenção a todo e qualquer tipo de manipulação.

Ilustra bem o assunto uma frase expressiva que li no rodapé de um folheto:

> Se Deus criou as pessoas para que as amemos e as coisas para que as usemos, por que amamos as coisas e usamos as pessoas?[3]

Fatores de proteção

Aos fatores de risco, contrapõem-se os chamados *fatores de proteção*:

---

(3) *Jornal da Porciúncula*, Niterói, 05/10/2003.

a) *Família*. Indubitavelmente, é o maior fator protetor. Nascer, crescer, viver e morrer no seio de uma família é a maior necessidade do ser humano. Só no seio de uma família temos a possibilidade de ser "nós mesmos". Só no seio de uma família somos incondicionalmente amados por nós mesmos, com qualidades e defeitos, e apesar de... tudo.

André Berge, o grande pedagogo francês, diz:

> Todo ser humano precisa de uma família, mas não de *qualquer* família.

Na família que mereça esse nome, o ser humano é amado incondicionalmente, e é dentro dela que aprende e pratica as virtudes e os valores que o sustentarão ao longo de toda a vida.

Hoje, é bastante comum que se diga: "A família não existe mais, está falida, já morreu, mudou tanto que perdeu o sentido" etc... Não é o que se observa na prática diária com os adolescentes.

Em 1999, um grupo de jovens com os quais trabalhei na orientação para a escolha profissional, realizou uma pesquisa entre 290 colegas, alunos da oitava série e do primeiro e segundo anos do ensino médio de um Colégio de classe média de Niterói, RJ. A pesquisa — por eles sugerida — procurava saber como viviam esses colegas e o que era mais importante nas suas vidas. Elaboraram um questionário simples, com questões fechadas e abertas (poucas, para não "haver preguiça para responder", segundo eles mesmos diziam...). Logo na primeira questão, que se referia à enumeração de nove itens por preferência (sexualidade, família, religião, amizade, estudos, lazer, sociedade, esportes, trabalho), *todos os grupos pesquisados* escolheram em primeiro lugar a família, e a seguir as amizades e o estudo.

Na mesma época, pesquisas análogas realizadas pela Fiocruz (publicadas no livro *Fala, galera*), assim como pelo Departamento de Ciências Sociais da Universidade do Paraná, em Curitiba (esta em 1998), também entre jovens, revelaram resultados semelhantes. Confirmava-se o que se verifica na prática diária (embora os meios de comunicação insistam no contrário): o que o adolescente mais valoriza, o que considera mais importante na sua vida, é a *família*!

b) Outro grande fator de proteção é *a resiliência*, a capacidade humana de fazer frente aos obstáculos e de superá-los de forma construtiva, deles saindo fortalecido. Verifica-se na prática cotidiana que muitos adolescentes que vivem em meios adversos conseguem sair-se muito bem na vida social, profissional, no mundo das artes e das letras... Que acontece com eles? A observação mostra que são possuidores de resiliência, dessa capacidade de resistir e sair vencedor apesar das dificuldades. E como a conseguem?

Na vida desses jovens, existem geralmente figuras marcantes, a quem podem pedir conselho e tomar como modelo a ser imitado — pais, professores, médicos, sacerdotes, pastores, um adulto qualquer a quem admiram —, e que passam a representar um referencial, uma fonte de força de caráter e um estímulo que os ajuda a encontrar critérios de firmeza e um sentido para a vida.

Em contrapartida, como adquirirá resiliência aquele que é "poupado" de qualquer dificuldade? A permissividade e a mal-entendida ideia de que "amar é fazer tudo em lugar do outro, removendo todos os obstáculos" são grandes empecilhos à aquisição e fortalecimento da resiliência.

c) Faz-se mister resgatar na família e nos centros de ensino o valor de uma *consciência bem formada*. Isto porque muito se tem propagado a confusão entre o Bem, um valor verdadeiro, e o que é "bom para mim" (visão egoísta...), entre o Mal, deficiência de Bem, e o que é "mau para mim" (novamente uma visão inteiramente egoísta). *Não*! Não passou a ser verdadeira a "lei do gostinho", aquela em que só vale aquilo de que Eu gosto, aquilo que Eu quero (a "vontadezinha"...) — o Eu, Eu, Eu —, que leva a fazer tudo segundo a lei particular, pessoal, do "vou ou não vou, faço ou não faço, de acordo com o meu gosto"...

Acaso gostar ou não gostar modifica a lei natural? Pode o sol deixar de brilhar porque não o estou enxergando? Aquilo que constitui um referencial não o pode ser em função de cada pessoa: assim, 2 + 2 serão sempre 4, independentemente de que A "gostasse" de que fossem 5 e B "gostasse" de que fossem 3!

Os adolescentes têm um senso dos valores muito aguçado e, embora "gostem" de desfrutar dessa "acomodação" da consciência, percebem e sofrem quando os adultos mostram não ter princípios: reagem a isso de forma negativa, com desprezo ou revolta, sentem-se profundamente desorientados. Importa sempre formá-los na verdade: se todas as pessoas têm direito a ela, têm-no sobretudo os adolescentes, por mais dolorosa que às vezes seja!

d) E o mesmo é preciso dizer da *formação religiosa*, que em algumas famílias, infelizmente, anda "pela rua da amargura"... É de dar pena ver que muitas meninas e rapazes não têm a menor noção de nada, nada mesmo..., mais até por culpa dos pais do que da catequese. No entanto, como voltaremos a ver, na prática é o conhecimento da religião que fornece o lastro necessário para manter firme no seu lugar os conceitos do Bem e do Mal que acabamos de elucidar. Sem conhecer o Deus justo e remunerador, sem noção dos Dez Mandamentos, sem saber o que é pecado e o que não é..., como poderão eles e elas saber o que devem fazer e o que evitar? Em contrapartida, que firmeza e que tranquilidade a de quem sabe para onde e por onde deve caminhar!

Os nossos jovens almejam aprender a crescer e a desenvolver-se bem, apesar de "bombardeados" pelas pressões do meio ambiente. Mas está em nossas mãos ajudá-los, está ao alcance de qualquer um proporcionar-lhes esses fatores de proteção que lhes servirão para a vida inteira. Nisto é que deveríamos pensar em primeiro lugar, mais do que em pagar-lhes um bom colégio ou uma formação universitária. E para isso, importa acima de tudo irmos nós à frente, tendo nós mesmos, nós os adultos que convivemos com eles, uma família bem integrada, firmeza de caráter e uma consciência bem formada. Cabe-nos ser exemplos vivos de que vale a pena viver!

PARA AMAR OS ADOLESCENTES...

Só se ama o que se conhece

Amar os adolescentes? — Sim, mas... será que os conheço?

Quando alguém pergunta: — "Você gosta de Fulano?", se não se conhece o Fulano em questão, a resposta será: — "Mas se nem sei quem é essa pessoa!... Não a conheço..."

É isso mesmo. Para gostar, apreciar, amar, há necessidade de *conhecer*. E é o que se passa com relação aos adolescentes. Muitos julgam que não gostam deles porque realmente não os conhecem de verdade. Acredito até que, mesmo imaginando conhecê-los, as pessoas se acostumaram a enxergá-los pelo seu lado negativo, seguindo "opiniões e achismos" — o seu lado do "avesso", por assim dizer.

Mas, afinal, que é conhecer? Eu mesmo me conheço?

Conhecer-nos a nós mesmos é conseguir "olhar para dentro" para examinar-nos, analisar as próprias reações, quer dizer, como somos e como agimos. Conhecer-nos também é saber ouvir — com simplicidade e espírito "desarmado" — o que as pessoas com quem convivemos pensam a nosso respeito, opinando com sinceridade sobre o nosso modo de ser: ou seja, é observar como somos vistos pelos outros.

Mas uma vez que chegamos a um certo grau de autoconhecimento, começam a surgir novas dúvidas. Que fazer ao descobrir (mais ainda se confirmado pelos "de fora") que somos pessoas de "mau gênio", ou então rancorosos, avarentos ou preguiçosos? Essa descoberta (que no primeiro momento é muito dolorosa...) não deveria levar-nos, como fazem muitos, a dar de ombros com um muxoxo e contentar-nos com a exclamação: "Ora, sou assim mesmo, deixa para lá"...

Por outro lado, temos um corpo que se expressa, sente, reclama, e novamente surgem perguntas: "E as emoções, que faremos com elas?" Não se pode ignorar ou deixar de lado o fato de que nós, os seres humanos, somos seres "emocionais", e que também nos acompanham pela vida as *paixões* chamadas capitais, que são sentimentos desorbitados: a ira, a soberba, a avareza, a preguiça, a gula, a luxúria, a inveja..., com todas as suas "variações". Não que as emoções sejam, de per si, pecaminosas, ruins. O que conta, na verdade, é o modo como as encaminhamos.

Quando nos decidimos a conhecer-nos, esse entrar dentro de nós mesmos deve ser realizado com objetivos: "Conhecer-me, sim, mas para quê?" Conhecer-me para uma finalidade: para melhorar, para esforçar-me neste ou naquele pormenor, para ser mais humano..., conhecer-me para ganhar senhorio de mim, autodomínio. Numa palavra, *conhecer-me para formular um projeto de vida que me realize*.

Mas... por que esta "excursão" pelo tema do autoconhecimento? Porque quem não se conhece — nos seus limites e no seu potencial — não pode sair em ajuda dos outros e muito menos dos adolescentes. Diz Jersild:

> Uma razão muito importante para o estudo do adolescente pode ser o desejo de aprender alguma coisa acerca de nós mesmos; fica em todos nós muito da adolescência, seja qual for a idade que tivermos. Tudo quanto ajuda alguém a enfrentar-se com o adolescente que foi, proporcionar-lhe-á

uma melhor compreensão sobre o tipo de pessoa que é agora[1].

Em consequência, esse adulto saberá ver o que pode pedir, até onde pode pedir e como há de pedir ao adolescente. Saberá ser exigente e compreensivo ao mesmo tempo. Adultos que ainda não saibam muito bem como são e o que querem, necessitam descobri-lo e agir consequentemente em suas vidas para saber passar segurança, coerência e orientação aos adolescentes. Pense por um momento: se você, meu leitor, pudesse ser um adolescente hoje, como seria? Que desejaria ter ouvido e o que teria esperado dos mais velhos?

Se é isso o que você desejaria para si mesmo e o que espera hoje dos seus filhos, repasse agora a sua própria vida, veja que lacunas provindas da sua adolescência

---

(1) A.T. Jersild, *Psicologia da Adolescência*, Ed. Nacional, São Paulo, 1961.

tem de preencher e lute urgentemente por preenchê-las. Então e só então saberá pedir eficazmente virtudes aos seus filhos. Estará pedindo o que você próprio tem, pois poderá dizer-lhes: "Não olhe para o que eu digo, mas para o que eu faço". Pois os filhos, e com muito mais razão na adolescência, querem *ver* essas atitudes encarnadas nos adultos!

Muitos pais e educadores comentam que não desejariam ser adolescentes em nossos dias porque "os jovens sofrem muito e estão perdidos entre os adultos que não os sabem orientar"... E, do outro lado, os próprios adolescentes também se queixam:

— Acho que não quero chegar a ser adulto, porque eles pensam de um jeito e fazem de outro, dão com uma das mãos e tomam com a outra...

— Os adultos são muito incoerentes, são falsos... Dizem que pode e voltam atrás...

Os adolescentes clamam por valores exemplificados na vida de cada adulto com quem convivem, valores vividos por seus pais, por todos nós. Na educação, é o exemplo que vai à frente, só "funciona" o *ter para dar*. Sempre será atualíssimo o que dizia o grande médico, dr. Albert Schweitzer:

> O exemplo não é a melhor forma de educar — é a única!

Não se apagam da minha memória as palavras que ouvi certa vez de um conferencista:

> Os filhos aprendem todos os nossos defeitos e algumas das nossas virtudes...

Conhecer e conversar

Hoje, escuta-se demasiadamente a palavra "crise", em todas as situações e por toda a parte. Vale a pena lembrar que a palavra pode ser entendida como *conflito* ou como *oportunidade*.

Podemos escolher e viver um dos dois sentidos..., especialmente quando o assunto é a "crise da adolescência"! Acredito que é muito necessário e urgente pensar nessa fase da vida como uma oportunidade — uma grande e especial oportunidade que nos é oferecida —, e não como um problema, como tantos a encaram. Aliás, mesmo que fosse um problema, seria preciso estudá-lo, decifrá-lo e resolvê-lo, não lamentá-lo!

Mais uma reclamação frequente que ouço dos jovens:

— Será que os adultos pensam que só somos capazes de ter drogas e sexo nas nossas ideias, desejos e conversas? Por que não nos falam sobre família, ideais, profissão, trabalho, lazer, virtudes..., felicidade? (nesse nome englobam os seus anseios ainda confusos de liberdade e de paz, solidariedade, amizade, honestidade, alegria...).

Com efeito, uma das atitudes positivas *mais importantes* a ter com eles consiste em evitar "vaciná-los" com ar solene contra os temas que em geral os adultos, com a melhor das intenções de ajudar, imaginam ser graves: violência, sexo, drogas...

Não há dúvida de que esses temas devem ser comentados, mas em conversas normais, tranquilas, em tom amistoso e de quem confia, ressaltando os aspectos positivos de integridade e transparência que acompanham quem sabe dizer "não" a esses impulsos ou às pressões do ambiente. Está comprovado que, quanto mais se pintam com cores negras esse assuntos, mais a curiosidade humana se sente estimulada a "fazer a experiência". Se a intenção é ajudar os adolescentes a cultivar o auto-domínio, a entender que o caminho das drogas leva ao isolamento, destrói a capacidade de estudo e de doação aos outros e acaba provocando, a médio prazo, a aniquilação de si mesmo, ou que a sexualidade deve ser integrada dentro da formação da personalidade, por que não falar de maneira positiva dos benefícios da temperança que traz o domínio sobre os próprios impulsos e as solicitações dos "colegas" para que "experimentem", da pureza que permite ao amor crescer e amadurecer, ou da nobreza de um pudor que sabe guardar-se?

É necessário não ser em casa "arautos de desgraças"! É mais cômodo, mas será que, por essa via, não acabamos sendo alto-falantes do mal? Abordar com catastrofismo esses temas, insisto, é em muitos casos empurrar os adolescentes a repetir as mesmas "façanhas", não só porque são curiosos e "experimentadores"..., mas porque não temem o perigo e até mesmo o desafiam...

Observando as suas alternâncias entre a profusão de queixas e o mutismo extremo, há necessidade, por parte dos adultos, de atitudes serenas, equânimes, sem altos e baixos no próprio humor que ocasionem confusão. É preciso saber e conseguir ir além de suas queixas, vencer os seus silêncios: procurar dialogar puxando os assuntos, sabendo escutá-los, facilitando a confidência, para questionar com carinho e seriedade os seus pontos de vista, valorizando e ponderando os detalhes expressos ou velados das suas ideias, num clima de amizade e confiança que permita corrigir-lhes a inexperiência ou anular influências negativas sem provocar reações hostis.

Além de procurar com senso de oportunidade conversar sobre temas espinhosos como os que acabamos de ver, é muito importante partir da realidade dos filhos: De que gostam? Como desejariam ser tratados? Que temas gostariam de ver esclarecidos? (Em geral, como vimos, querem muito que se lhes aponte o que verdadeiramente os realiza como pessoas). E, ao conversar com eles, ter sempre presentes os seus muitos aspectos positivos, como por exemplo:

— *a atração pelos grandes ideais*. Os jovens sentem essa atração: sonham com amores "totais", grandes realizações, batalhas acirradas, entregas plenas e nobres martírios. É muito importante que os adultos não os desencorajem, que não caiam no erro de dizer: "Você fala isto *hoje*, mas quando chegar *à minha idade*..." Que direito temos de jogar sobre os mais novos as nossas descrenças, desesperanças e desilusões, tantas vezes causadas por nós mesmos? Quem julga que nada vai dar certo, que pelo menos guarde para si esse pensar amargo...

— *a busca da integração num grupo*. Já comentamos que todo o adolescente sente a necessidade de "pertencer", participar e ser aceito pelos seus pares. Aí descobrem e exercitam a sua personalidade, a sua linguagem, a sua vida em comum, percebem-se parte de um todo. É preciso incentivá-los neste aspecto, mas ao mesmo tempo animá-los a contar espontaneamente o que fazem com a "turma", onde andaram etc., ajudando-os com tato e senso de oportunidade a vencer as naturais reservas que decorrem do seu desejo de intimidade pessoal e da afirmação da própria personalidade. Melhor ainda se convidarmos os seus amigos para nossa casa e dedicarmos algum tempo a conhecê-los, a conversar com eles. Aqui é preciso exercer uma vigilância estreita, mas tão suave e amável que os filhos nem percebam que existe.

— *o amplo espectro de amizades*. É em torno dos quinze, dezesseis anos que os adolescentes descobrem os amigos e fundamentam amizades que levarão para o resto da vida. Até então tinham "colegas", companheiros, mas agora descobrem a amizade e o quão importante é esse sentimento. Impõe-se conversar com eles sobre o que é, mostrar-lhes a grandeza do espírito de serviço, fomentar e orientar bem essa realidade tão maravilhosa e tão esquecida que é ser amigo e ter amigos.

— *a autoestima elevada*. Em que consiste? Em julgar-se acima dos outros, melhor do que eles? É claro que não. A boa autoestima consiste, em última análise, em nos sabermos de verdade filhos de Deus, e em agradecer-lhe as qualidades de que nos dotou, sem subestimar os nossos defeitos. É muito bom esclarecer aos filhos que *todos* temos um valor infinito e que cada pessoa tem talentos, dons, qualidades e habilidades diferentes: um sair-se-á melhor nas ciências exatas, outro será brilhante desportista, aquele escreve bem e este domina com facilidade o terreno das conversas... Essa diversidade deve levar-nos a aproveitar o que há de bom nos outros para nos enriquecermos, e não a cair em depressões e complexos por aquilo que nos falta; diante de Deus, que nos quis tal como somos, com *essas* qualidades e *esses* defeitos, o que importa é que somos únicos, e Ele nos quer e nos ama na nossa individualidade.

— *a curiosidade e os interesses variados*. A família é o espaço ideal para cultivar nos filhos (e primeiro em nós mesmos...) os *interesses*, os *hobbies* e a *sensibilidade* (diferente do sentimentalismo, que não constrói porque é egoísta...). Como fazê-lo? Através de estímulos: à cultura, incentivando o gosto pelas artes (em geral!; gostam muito de cinema e de música, e por aí é fácil começar, promovendo cine-debates, participando de corais, indo a recitais e museus, fazendo excursões com eles), a boa e orientada leitura, a prática dos esportes, a participação em teatrinhos familiares como atores, diretores e escritores! Dá gosto ver como vibram quando assumem papéis, criam, ensaiam, interpretam! E vale igualmente a pena — gostam muito! — que lhes proporcionemos estudos e pesquisas sobre as virtudes: livros, fitas, filmes, casos e histórias que realcem os atos de generosidade, lealdade, heroicidade...

Acompanhar, observar, admirar os adolescentes é como entoar permanentemente um hino à Vida, porque eles são um convite a viver, a sorrir, a crescer sempre... É vê-los cheios de vitalidade, audazes, vigorosos, destemidos, criativos, sensíveis, solidários, generosos... No dia a dia, devemos acompanhá-los com muito respeito e atenção, não duvidando, mas *acreditando* neles, confiando neles para que também confiem em nós e assim possamos de verdade ajudá-los.

Pensar bem dos adolescentes

O caro leitor já terá percebido como considero bela e fecunda essa fase da vida humana que é a adolescência. Espero e desejo que também julgue bela a vida e tenha amor aos adolescentes. Se é assim que pensa, continue esta leitura, pois é para você que escrevo especialmente, na esperança de que leia, sintonize comigo, reflita e tire as suas próprias conclusões. Porque é ao coração do seu coração, é ao adolescente que mora em você, parafraseando Saint-Éxupery na sua dedicatória do *Pequeno Príncipe*, que escrevo estas linhas!

Amar os adolescentes é, antes de qualquer outra coisa, *pensar bem* deles. Quando as pessoas se colocam "na defensiva" e os olham como se olha um ser estranho, complicado e complicador, não há possibilidade de os amar. Pensar bem faz bem, e uma atitude saudável é pensar o Bem, desejá-lo para si mesmo e para os outros...

E como pensar bem? Podemos resumir sob este ponto de vista o que já vimos:

— pensar bem começa por *não ter medo dos adolescentes*, mas aproximar-se de cada um com toda a simpatia e confiança na sua capacidade e desejo de aprender;
— pensar bem é *aceitar e entender a sua rebeldia*, como expressão, talvez desajeitada e às apalpadelas, do desejo de afirmarem a sua identidade, seu ser-pessoa;
— pensar bem é *entender que desejam e esperam ver respeitada a sua*

intimidade, a começar pelos seus pertences, cadernos, gavetas, diários, coleções..., mostrando-lhes ao mesmo tempo que também devem respeitar e fomentar os valores estabelecidos em casa e a liberdade de os outros serem como são;
— pensar bem, ainda, é não *menosprezar, desvalorizar e menos ainda ridicularizar as suas contribuições para a vida familiar*, mesmo que sejam... contestações. É preciso, pelo contrário, ouvi-los, ajudá-los a refletir, a formar a sua opinião. E é preciso elogiá-los quando se comportam ou se esforçam por comportar-se bem;
— pensar bem é *acreditar no que dizem*, ainda que vez por outra lhes escape alguma mentirinha; se virem que acreditamos neles, acabarão por falar sempre a verdade...;
— pensar bem é *considerá-los capazes de dominar os seus impulsos*, de dizer

"não" às tentações e facilidades do consumismo e do hedonismo; e de dizer "sim" à sobriedade e ao auto-domínio;
— pensar bem é *acreditar que podem e vão superar-se, vencer dificuldades*: nos estudos, nas tarefas de casa, na hora de acordar, até na arrumação do quarto e da cama... Enfim, na luta contra a indolência e o egoísmo;
— pensar bem é *apostar* na sua capacidade e vontade de entusiasmar-se por um ideal: o de virem a ser homens e mulheres de bem, de grandes virtudes humanas e espirituais — como os seus pais!, como os heróis que admiram, como os santos que veneram.

Acreditar neles! Pensar bem deles! E para isso, amá-los.

Amar os adolescentes

Amor? "O amor torna leves e fáceis todas as coisas"...

O amor não perde os detalhes, está atento às "ninharias": não as vê como uma carga, mas como impulso prazeroso, expressão constante de um sentimento íntimo que necessita extravasar-se. Esta é a razão pela qual amar é muito mais do que gostar!

Lembram-se daqueles "bonequinhos" do "Amar é..."? Há inúmeras situações em que essas figurinhas podem ajudar-nos a entender como é o verdadeiro amor. Vejamos, pois:

— amar é... *conviver*. Como é importante a vida em comum, quando tecida de respeito mútuo, de tolerância, quando se sabe passar por cima de coisas de menor importância! Conta muito saber desculpar uma palavra áspera, relevar se por acaso o adolescente estiver num "mau dia", com dor de cabeça, se foi mal na escola. Cultivar o bom humor, saber mudar

de assunto... Mostrar que amanhã poderá ser a nossa vez de necessitar de mais compreensão e atenção...
— amar é... *silenciar / falar*. Com os adolescentes, especialmente, amar é saber ouvir! Que percebam que há esforço da parte dos pais por ouvir até o fim, e ouvir com o coração! De acordo com o assunto, muitas vezes será mesmo somente ouvir, ou porventura chorar juntos. É muito comum que os adultos se sintam com a premência de aconselhar, mas, em geral, os adolescentes *querem mesmo é quem os escute*. Nós, "madurões", devemos falar pouco, oferecendo sugestões caso eles as solicitem, e sabendo guardar em segredo as confidências que fizerem! Não os enchamos a cada dois minutos de conselhos sobre o que devem e não devem fazer. Como dizia alguém, se os nossos conselhos fossem tão bons assim, deveriam ser vendidos...

— amar é... *interessar-se — de verdade!* — pelo que contam, ou pelo que pedem, mesmo que seja necessário dizer depois — sem medo! — "não" e "por que não".
— amar é... *ter cumplicidades entre os familiares*: segredinhos, surpresas, sintonias... Conheço uma família em que pais, filhos, irmãos, ao deixarem um recado ou escreverem um bilhete qualquer, costumam acrescentar: "Aquele segredinho...", e todos já sabem que aquilo significa: "Eu te amo muito". Você, especialmente se for pai (não tanto a mãe), talvez ache um pouco meloso demais; mas a verdade é que, sem cair em sentimentalismos tolos, é preciso afirmar e reiterar o amor mútuo.
— amar é... *gastar tempo com os filhos*. Atenção à ideia, tão falsa como difundida, de que a qualidade "compensa" a quantidade de tempo que os pais passam com os filhos! Eles desejam

é *disponibilidade*, sem hora marcada para falar sobre o assunto que os perturba, até mesmo quando telefonam no meio do nosso trabalho. Quando se deixa "para depois", muitas vezes a melhor oportunidade de entender, esclarecer, ajudar, orientar, cativar, passa, e talvez não volte mais.

— amar é... *ensinar a fazer*, e *como fazer*, sem fazer "no lugar de"... Quando se arruma a mesa do jantar, chamar os filhos, pedir que ajudem, recordar qual o lugar de cada talher, prato, guardanapo, copo etc., e orientar a arrumação, supervisionando-a depois. O mesmo vale para todas as tarefas da casa; assim, os filhos tornam-se participativos, interessados, generosos, atentos às necessidades comuns. Afinal, a casa *é de todos e para todos*.

— amar é... *"negociar"*..., no dia a dia, ante a insistência com que os adolescentes pedem o que desejam.

Assim, por exemplo, pode-se dizer: "Vejamos as soluções quanto ao dinheiro que você deseja para comprar esse disco... Não acha que precisa merecê-lo? Você poderá, por exemplo, ajudar a arrumar a cozinha, ir ao mercado, lavar o banheiro, recolher o lixo, ir ao banco e fazer pagamentos..." Não se trata — como muitos pensam — de fazer dos filhos "empregados", mas de ajudá-los a ver que as coisas têm um custo e que é necessário trabalhar para obtê-las.

— amar é... *compreender*, *"tentar entender"*, o que não é a mesma coisa que *compactuar* ou *concordar*. Deixar muito claro aos filhos que "se compreende e perdoa aquele que erra, mas ao erro sempre se deve chamar erro".

— amar é... *saber exigir*: deveres, responsabilidades... Lembrar-se sempre de que, quem ama, exige, pelo bem e para o bem daqueles que ama. Não uma exigência do tipo "cobrança", mas uma exigência que procura ajudar o adolescente a descobrir as suas potencialidades, a fugir à preguiça e ao comodismo, a crescer diante dos obstáculos, sem se encolher nem se esconder na acomodação do "se eu não fizer, outro fará..."

— amar é... *impor limites*, pois pôr limites, paradoxalmente (paradoxalmente... só na aparência!), é sinônimo de importar-se, de estar atento. Os próprios filhos sentem falta dessa firmeza na atitude dos adultos que os cercam, e, quando não a encontram, reclamam. É frequente eu ouvir deles: "Gostaria que o meu pai ou a minha mãe olhassem para mim, nem que fosse para brigar comigo..." Lembremo-nos sempre de que, mesmo que não o demonstrem, e até espernaeiem um pouco, *guardam o que lhes dizemos*, registram na sua memória as palavras, os estímulos e as repreensões — que devem sempre ser carinhosas! —, para utilizá-los... talvez algum outro dia...

— amar é... *corrigir*. Cabe aos pais, em casa, formar nos filhos a consciência do certo / errado, do Bem / Mal, não negando ou ridicularizando as emoções, mas ensinando a saber utilizá-las. Assim, por exemplo, se o menino brigou com os amigos, procurar saber o que de fato se passou, parar, refletir junto dele, ajudando-o a avaliar como tudo começou, por que aconteceu, que outras atitudes poderia ter tomado... Ajudar a pensar!

— amar é... não confundir *autoridade* com *autoritarismo* e muito menos ser incoerente na alternância de atitudes. Saber usar o "sim" e o "não" na vida diária, sem medo de que os filhos às vezes fiquem emburrados e se tranquem no quarto... É deixá-los estar ali até que se cansem. Além disso, quantas vezes eles esperam (e até desejam!) ouvir um "não" que pode salvá-los de situações embaraçosas...

— amar é também... ensinar a *partilhar/dividir*. Estar atentos à "cultura do egoísmo", tão difundida e confundida com o falso nome de "autenticidade"! Cada dia se faz mais premente estimular a generosidade e valorizar a solidariedade — todas essas virtudes tão próprias do adolescente!

— amar é... *educar*. Vejam que interessante a definição encontrada pelo professor dr. Eduardo Marcondes (da USP): "Educar é... garantir segurança naquilo que o outro não sabe ou não é ainda capaz de fazer, e garantir liberdade no que o outro já sabe ou já é capaz de fazer". E como educar também traz consigo a necessidade de "frustrar" alguns desejos do educando, muitas vezes veremos os nossos adolescentes frustrados elaborando os seus desapontamentos, aprendendo a trabalhar as suas emoções e crescendo no seu amadurecimento educativo.

Os adolescentes não esperam de nós considerações abstratas sobre a vida e o viver, o amor e o amar. Também não desejam ser olhados com um olhar profissional, um olhar apenas técnico. Esperam e desejam encontrar pessoas detentoras de um saber maior que o seu e dotadas de um coração que os acolha, de olhos e ouvidos atentos aos seus anseios e dúvidas, às suas questões e indagações. Em resumo, desejam encontrar *alguém que os ame*. Fazem-me lembrar uns versinhos singelos, cuja autoria desconheço e que dizem assim:

> *A ave procura um ninho*
> *em que possa se abrigar...*
> *O homem procura um coração*
> *em que possa confiar...*

ADOLESCENTES SAUDÁVEIS ELABORANDO O SEU PROJETO DE VIDA

As questões vitais

Dores de cabeça, dores de estômago, dores outras indefinidas, sudorese, angústias, falta de ar, mudanças de humor, mas ao mesmo tempo agudeza de percepção e energia invejáveis; dormir muito, dormir pouco, comer em demasia ou inventar e seguir dietas, preguiça ou excesso de atividades quase simultâneas... Você identifica um adolescente?

"Crescer dói", diz um ditado popular — e é bem verdade!

Ao longo da vida, os seres humanos crescem. Ao crescer, interrogam-se.

Chegados à adolescência, surgem com maior profundidade os questionamentos fundamentais:

— Quem sou eu?
— De onde vim?
— Por que vivo?
— Para quê vivo?
— Como vivo?
— Para onde vou?

Há alguns anos, quando as pessoas adultas com profissão e estado de vida definidos e, por assim dizer, "realizadas", se queixavam de si mesmas e da vida, sentindo-se infelizes sem saberem bem por quê, inquietas, tristes, cheias de interrogações dentro de si mesmas por esse tipo de questões, chamadas — com propriedade — Questões Vitais, dizia-se que deviam consultar um psiquiatra. Hoje, sabe-se que essas angústias correspondem a um saudável — nada doentio! — desejo de encontrar um sentido para a sua existência. Ao interrogar-se, estão buscando a razão de ser de suas vidas, procurando respostas, caminhos, alternativas.

Essas questões *têm de ser respondidas pela própria pessoa*, e fazem-se mais agudas, mais intensas, exatamente nos adolescentes, que estão descobrindo o seu existir, o seu "ser-no-mundo". Um adolescente normal sempre estará interrogando-se: "Quem sou? Como me vejo?"

Especialmente nessa etapa da vida, os adolescentes preocupam-se com o aspecto físico e, ao indagarem sobre si mesmos, inquietam-se e desejam saber: "Sou normal?" É o momento de acharem respostas para as suas perguntas sobre o próprio corpo, as funções orgânicas, a puberdade e as mudanças. É também o momento em que necessitam muito mais que os pais estejam atentos e os orientem, que tenham tempo para eles, especialmente para explicar as suas dificuldades quanto à sexualidade, que esclareçam dúvidas e temores, digam o que é certo e o que é errado e reforcem os valores familiares.

Isto porque estarão escutando na escola ou "por aí", especialmente na mídia, que "as coisas mudaram". Perceberão que se ridiculariza e até se menospreza (!) a virgindade. Ouvirão dizer que a masturbação é normal e até desejável; que não há mais necessidade de guardar o próprio corpo, mas "que o bonito é para ser mostrado"... e tantos outros ditos confusos e perturbadores.

Por outro lado, o que a juventude de hoje vê é uma "civilização de morte", que reivindica o direito ao aborto e à eutanásia "misericordiosa", uma acomodação que mal reage à violência contra os mais fracos, ao genocídio de povos que só se sabe que existiram depois que quase desapareceram, à morte pela fome de tribos ou nações inteiras. Como crianças e jovens poderão ter o desejo de viver, crescer e chegar a ser adultos, quando tudo ao seu redor só fala de morte? Como não adoecer, não se angustiar e sofrer perante esse clima de terrorismo que paralisa, amedronta, desanima? Escuta-se de muitos adolescentes a dolorosa queixa:

— Não quero chegar a ser adulto — são todos loucos! Para viver como "x" ou "y"..., prefiro morrer antes...

E aí é que está o grande risco: fugindo à vida, correm o perigo de se perderem nas drogas, na busca do prazer pelo prazer, no consumismo, na velocidade, na depressão, na ansiedade do "comer-comer" ou da anorexia nervosa, no porte de armas... Mortes lentas ou mais rápidas — as suas vidas estão sendo ceifadas ante o olhar adulto quase indiferente —, diante das quais cruzamos os braços com uma sensação de impotência!

Assustam e doem os dados do Ministério da Saúde no ano 2000, revelando que a violência está dizimando os nossos adolescentes e jovens — estão matando e morrendo! A *primeira* causa de morte na faixa etária entre os catorze e os vinte e quatro anos, no Brasil, muito acima das doenças orgânicas, são os homicídios, acidentes, suicídios...

Dessas estatísticas terríveis sobre a violência — a que se poderiam acrescentar dados igualmente alarmantes sobre os demais problemas da juventude: o caos sexual, a gravidez entre as adolescentes, as bebedeiras, as drogas etc. —, ressalta claramente que a razão de tamanho desconcerto e desagregação se encontra em dois fatores primordiais: a falta de uma *família bem constituída* e a falta de um *sentido para a vida*. Comecemos pela família, pelo trabalho positivo que os pais podem realizar junto dos filhos adolescentes.

A família

Quem senão os pais, com o exemplo das suas vidas e com as suas palavras serenas e esclarecedoras, poderá deter essa verdadeira onda malsã que, como um tufão ou ciclone arrasador, tenta destruir o que de mais belo existe num jovem? Quem senão eles resgatará o verdadeiro lugar da capacidade de amar e mostrará que vale a pena lutar por plasmá-la bem?

É um autêntico crime os pais delegarem à escola a tarefa da educação sexual, mesmo porque só os pais podem chegar ao coração dos filhos, especialmente nos temas mais delicados e belos, como são os que se referem à origem da vida.

Não se pode esquecer que todo o adolescente tem gosto pelos desafios e pelas metas altas: tem "sangue de herói"! Por isso, ao contrário de certa mentalidade que há por aí, os pais não devem ter receio de reafirmar aos filhos que *a castidade é um bem* e que *são muitos os que a vivem*. Estão angustiados com esse tema, e precisam intensamente da confirmação dos pais[1]! Mostrar que a masturbação não é saudável, porque a pessoa se acostuma a ser egoísta, porque se fecha em si mesma, sempre que busca encontrar no toque persistente do próprio corpo uma fonte de prazer. E se se fechar em si mesma, não aprenderá a dar-se no tempo oportuno, em oferenda ao cônjuge...

Também os relacionamentos sexuais precoces, como tudo aquilo que acontece fora do tempo devido, tornam as pessoas amargas e descrentes de si mesmas, dos outros e da própria realidade do amor...

---

[1] Os pais encontrarão respostas para a maior parte das dúvidas dos filhos, e talvez para as próprias, em Rafael Llano Cifuentes, *Sexo e amor*, Quadrante, São Paulo, 1995, e André Leonard, *Cristo e o nosso corpo*, Quadrante, São Paulo, 1994. Os parágrafos do *Catecismo da Igreja Católica* sobre o sexto e o nono mandamentos são também luminosos e esclarecedores. É indispensável que os pais procurem informar-se e formar-se bem na matéria, para poderem orientar os mais jovens.

E isto para não citar as doenças de transmissão sexual, a gravidez indesejada, o corte prematuro de uma adolescência e juventude saudáveis...

Fazendo um paralelo com o sistema imunitário — aquelas defesas que o nosso organismo possui e que usa para combater, por exemplo, as infecções —, diremos que o grande antídoto em matéria de sexo é o amor que deve existir em todas as famílias, pois forma verdadeiramente um autêntico "sistema imunitário"... Por isso, a melhor educação sexual, entendida não como "treinamento de técnicas sexuais", mas como formação da personalidade para o amor, não se dá através de aulas ou enciclopédias ou, pior ainda, de "experiências", mas através do que crianças e jovens observam na vida familiar.

Vale a pena que os pais se detenham no corre-corre da vida para fazer um bom exame e investigar como cada qual vive e contribui para uma boa "circulação doméstica de amor" e como é o ambiente que cria em torno de si na família. Qual o "clima" da vida familiar? Há amor de verdade?

É necessário chegar ao detalhe nesse exame. Os pais são permissivos? Os filhos podem fazer o que desejam desde que não incomodem? Vive-se como num hotel cinco estrelas ou numa pensão onde se entra e sai quando se deseja, sem horários e sem que uns saibam dos outros nem se interessem por eles? Não serão pais autoritários ("aqui em casa se faz o que mando, sem discussões..."), que fazem da casa um quartel, com horários e regras frias, sem trocas de impressões nem conversa amigável? Ou antes o estilo é de família mesmo, onde reinam o respeito, a confiança, e se procura que *jamais* falte o bom exemplo? Vive-se de verdade uma vida de lar?

Este modo de viver expressa-se, na prática, como "todos por todos" (uma família de verdade!). Pode ser que se encontrem famílias que ainda vivem à moda do "um por todos" (geralmente a mãe, cuidando de tudo sozinha...), onde se procura apenas receber, num verdadeiro parasitismo, ou ainda no esquema do "cada qual por si"..., um egoísmo e individualismo em que ninguém se interessa por ninguém.

As formas aberrantes de vida familiar deveriam ser examinadas com o desejo sincero de revertê-las, acreditando que sempre se pode mudar para melhor! É o momento de recomeçar, de reconstruir! E para isso pode-se e deve-se contar com os filhos, especialmente com os adolescentes, que ficam encantados de colaborar com as reconstruções, especialmente dentro da sua própria família. Ponham-no em prática, acreditem, e verão!

Uma pesada responsabilidade

Muitos adolescentes "adoecem" sintomaticamente, refletindo os desajustes e distonias existentes no meio em que crescem; comportam-se como se fossem termômetros indicativos de que há uma "infecção" ou "doença" ambiental à qual não conseguem reagir saudavelmente. São inúmeras as situações de enfermidades físicas, orgânicas, que chegam à consulta médica, provocadas ou pioradas porque os pais estão, por exemplo, em processo de separação ou já separados, e os filhos ficam de um lado para o outro.

Que tipo de doenças apresentam os adolescentes? Pneumonias, crises de asma, infecções do trato urinário, gastrites..., relatam os responsáveis por eles, acrescentando queixas sobre a falta de atenção nas aulas, queda do rendimento escolar, comportamentos agressivos...

Uma vez iniciado o tratamento médico correspondente, pode não haver uma boa resposta e, por vezes, até começam a surgir intercorrências de outras enfermidades.

Por isso, sempre se deve perguntar com extrema delicadeza e tato:

— Que acontece? Como vão as coisas em casa?

Normalmente, a pergunta provoca uma torrente de lágrimas, e os fatos vêm à tona.

Em geral, os adolescentes são atendidos a sós (para quem não o sabe, lembro que a consulta do adolescente é sigilosa), e só depois de atendê-los é que se chama o responsável, com quem se conversa *sempre* na presença do paciente. É então que o pai, a mãe, algum outro responsável, faz o comentário que corrobora o que já sabíamos:

— Ele (ou ela) não consegue aceitar a nossa separação, mas... sabe, realmente não há condição de permanecermos juntos... por esta ou aquela razão... etc., etc.

É normal que os filhos, mesmo quando já adolescentes, interpretem a separação dos pais como uma demonstração de que não são amados (e talvez tenham mais razão do que comumente se pensa), pois sempre querem e necessitam de ambos os pais juntos para crescerem seguros, amparados, saudáveis. Conturbados pelas suas emoções, não conseguem compreender o que se passa e, como não sabem elaborar os desentendimentos, adoecem. É a maneira (por assim dizer) que o seu corpo encontra de polarizar as atenções dos pais e, quem sabe, pela doença, reatar laços, voltar a unir o que se desfez sem culpa sua... Falta-lhes algo vital ao sistema imunitário! Como achar caminhos quando no mais íntimo do seu ser foram "rachados", divididos?

Quantos esposos não há que permanecem unidos, apesar das diferenças, porque os filhos precisam deles unidos! Será hipocrisia? Não: é puro *sentido de uma missão que têm de cumprir*, que absorve e transfigura o egoísmo a dois de marido e mulher! Passam os anos, e essas pessoas veem que os filhos bem casados, e a presença de netos adoráveis, compensaram o sacrifício, *e que eles próprios recuperaram a felicidade* que consideravam irremediavelmente perdida. Vale a pena, pelos filhos, fazer esse esforço!

E a violência? Que pode fazer a família? Qual o seu papel?

A resposta não é muito diferente. Vimos já que a violência carece de um objetivo, é uma revolta frustrada contra tudo e contra todos, contra o Universo e contra Deus. Mas as suas raízes mergulham também em famílias disfuncionais, que não sabem dar o amor de que os filhos precisam nos seus anos de formação.

Isso gera, por um lado, gravíssimas *carências afetivas*, personalidades medrosas — já está mais do que provado que o medo e a agressividade têm uma raiz comum —, neuróticas, incapazes para a vida na sociedade como um todo, que procuram defender-se atacando. E, na ausência de um lar pacífico e alegre — que nunca puderam saborear —, esses jovens debandam e refugiam-se em atos absurdos, estúpidos (sem sentido...), que no fundo não passam de uma fuga do seu vazio interior, mas lhes proporcionam emoções fortes e a satisfação das suas paixões (drogas, estupros, gangues, até matanças...).

Em contrapartida, aqueles que têm uma família autêntica, esses vivem com segurança e ajudam a viver, porque percebem que a sua vida — e consequentemente a vida dos outros — tem muito valor. Fazem, assim, tudo para preservá-la.

Viver... para quê?

*Sonho construir uma casa com
quatro quartos:
um para a amizade,
outro para a paz,
o terceiro para o amor,
o último para a alegria,
e com uma garagem para isolar a
tristeza...*

Estas frases foram escritas por um dos participantes de um concurso entre alunos do ensino fundamental, num colégio de classe média de Niterói. Muitos talvez pensem, repetindo o poeta: "Ora, direis, ouvir estrelas"... Poesia?! Para quê? No entanto, quão importante se faz que, ao lidar com o adolescente, consigamos ir além do orgânico, do fisiológico, do cotidiano e rotineiro...

Quando lemos ou ouvimos o que os adolescentes dizem, podemos observar neles — já o vimos — um intenso impulso para a vida, que se manifesta no interesse, no gosto — declarado ou não — pela poesia, música, dança, pela arte e pela natureza como um todo: reflexos de uma sensibilidade que merece todo o nosso respeito e que importa cultivar. Na vida humana, há valores a preservar, virtudes a desenvolver, amizades a descobrir e cultivar, acontecimentos e situações a reformar. Todo o adolescente sonha e deseja que isso aconteça à sua volta e na sua própria vida. E todos eles anseiam por ser orientados, ainda que muitas vezes não o reconheçam.

Hoje, que a expectativa média de vida das pessoas se elevou para setenta, oitenta anos, é doloroso observar quantos chegam a essas idades sem jamais "terem tido tempo" — dizem — para parar e sequer questionar-se sobre o porquê e o para quê do seu existir... São aquelas pessoas que, no dizer do poeta, "passaram pela vida e não viveram"...

Para orientar os nossos adolescentes na busca pelo *sentido da vida*, pode ajudar muito lembrar-lhes que "nada do que existe é inútil. A criação não é uma mera agregação, uma justaposição de seres, mas uma grandiosa estrutura que tem unidade, razão de ser e objeto"[2].

---

(2) Joseph Pieper, *La fe*, 2ª ed., Rialp, Madri, 1975.

Todo o ser criado tem, pois, a sua razão de existir.

Cada um de nós é um ser único — basta que olhemos para as nossas impressões digitais! Jamais houve, nestes bilhões de seres humanos sobre a terra, duas pessoas iguais — e jamais haverá alguém como eu! Quando pergunto aos adolescentes sobre os seus ideais, projetos, presente e futuro, costumo comentar com eles:

— Vamos olhar para nós mesmos? Que maravilha somos nós!

E recordo-lhes:

No momento da fecundação, milhares de espermatozoides (as células germinativas masculinas) correm ao encontro de um único óvulo (célula germinativa feminina) em busca da união, e a partir desse exato momento — único, ímpar — surge uma nova vida, um novo ser humano: está concebido um Homem!

Em toda a escala animal, esse Homem é inicialmente o ser mais frágil, aquele que mais depende de outros, de alguém que cuide dele, uma vez que nasce absolutamente indefeso. E mesmo depois que cresce e se desenvolve, aumentando de peso e de estatura, adquirindo habilidades — porque é dotado de inteligência, vontade, emoções, psiquismo —, mesmo depois disso continua a carecer de cuidados.

Esse Homem é um ser espiritual, porque possui uma alma espiritual na qual residem as suas faculdades superiores. É graças ao espírito que é capaz de *pensar*, *agir* e *amar* como um ser humano. É graças ao espírito que está dotado de linguagem, da capacidade de conviver com as outras pessoas, tão espirituais como ele. É graças ao espírito que é imortal, e deseja para si e para os outros a felicidade imortal, infinita.

> No fundo do coração de cada ser humano, existe um infinito desejo de ser feliz! Mais do que a própria

felicidade, porém, o que se almeja é uma razão para ser feliz[3].

Uma razão para ser feliz. Assim o diz certeiramente o psiquiatra Viktor Frankl. E dá a chave para encontrar essa razão:

> O homem não há de pedir algo à vida, mas perguntar-se o que *ele* dá à vida, porque só quando um homem reconhece a sua própria tarefa — situada além da sua autorrealização pessoal ou da satisfação dos seus instintos — *por meio de um serviço ou de um amor a algo ou a Alguém*, encontra um Ideal pelo qual vale a pena viver...[4]

Se a tarefa mais importante dos pais e educadores é fazer ver aos adolescentes

---

(3) Viktor Frankl, *Psicoterapia e sentido da vida*, Quadrante, São Paulo, 2019.

(4) *Ibid.* Grifo nosso.

que não há seres inúteis no mundo, que todos são únicos, urge ajudá-los um por um a descobrir o papel que lhes cabe pessoalmente neste imenso Universo: o "ideal pelo qual vale a pena viver".

Não é hora para lamentos e queixas quanto aos "excessos" dos jovens! É o momento urgente — *sim!* — de verificar o que *eu* posso fazer, o que estou eu a fazer — hoje, agora! —, para que o prognóstico negativo, o negro quadro traçado por uma civilização que valoriza o bem-estar a qualquer preço, em que predomina a lei do "mais fácil", em que se enfatizam o individualismo, o consumismo, se modifique e se transforme — usando uma expressão da Medicina — de *vergens ad malum* em *vergens ad bonum*. Quer dizer, que, ao invés de tender a piorar, tenda a melhorar.

Não se trata só de ajudar um adolescente a definir a sua vocação profissional, a selecionar os amigos, a aproveitar o tempo estudando, a adquirir cultura etc. Trata-se de proporcionar-lhe os elementos informativos e formativos que lhe permitam livremente forjar um projeto de vida, dar um sentido para a sua vida. Se não esquecermos que educar é *ex-ducere*, "puxar de dentro para fora", conduzir, guiar, nortear, extrair as potencialidades latentes em cada ser, veremos quanto somos capazes de fazer! Desde que nós mesmos saibamos ir à frente, ser pessoas de *ideal* e dar exemplo pelas nossas convicções sólidas, por uma vida sem mancha, nobre, de trabalho e dedicação, de virtudes e valores, como veremos em seguida.

Todos os seres humanos somos ao mesmo tempo educadores e educandos ao longo da nossa vida... Confirma-se o dizer de D. Helder Câmara: "Ninguém é tão pobre que não possa dar, nem tão rico que não precise receber"... Nas casas e famílias, escolas, mercados, bancos, parques, diversões, passeios, conduções, nas filas, nas ruas, nas consultas, sempre temos oportunidade de ensinar e de aprender, ou de "desensinar" e "desaprender": com o exemplo (bom ou mau!), com a palavra (boa ou má, encorajadora ou desalentadora!), com o sorriso (ah! quanto vale e que poder tem o sorriso!), com as atitudes...

PONTOS A PONDERAR PARA AJUDAR OS ADOLESCENTES

Educação da vontade

Os seres humanos, já o recordamos, são dotados de duas importantes potências — Inteligência (que conhece, aprende, escolhe, sabe) e Vontade (que decide, quer). É muito importante que os adolescentes aprendam o que é esse *querer* e saibam *o que* e *como* querer, ou seja, devem aprender a reconhecer aquilo que vale pena e esforçar-se por conseguir alcançá-lo, com uma vontade determinada, constante.

Educar a vontade custa muito a todos, e custa especialmente aos adolescentes porque, nessa fase da vida, ainda são como as crianças e desanimam com facilidade perante os obstáculos. Na busca pelo que vale a pena, correm o risco de massifica-se, de misturar-se na multidão, ansiosos por serem tão iguais aos outros que se despersonalizam, perdem a identidade, a realidade serem uma pessoa única e irrepetível.

Mas não podemos esquecer, repito, que todo o adolescente tem "sangue de herói"! Quer e aceita desafios! Os adultos — os pais e educadores — devem temer, hoje, não o *exigir de mais*, mas o *exigir de menos...*, quer dizer, ceder à tendência de nivelar por baixo, de ter "peninha" dos mais novos, de poupar-lhes todo e qualquer sacrifício, de fazer em lugar deles o que eles são perfeitamente capazes de fazer!

Vejamos o que diz Viktor Frankl:

Atualmente o Homem não sofre apenas de depauperamento dos

instintos, mas de uma perda da tradição. Doravante, nem os instintos lhe dizem o que tem a fazer (como nos animais) nem a tradição lhe diz o que deve fazer. Em breve, deixará de saber o que quer, para começar a imitar os outros, pura e simplesmente. E assim cairá no conformismo — farão o que quiserem dele, tornar-se-á um joguete nas mãos de chefes e sedutores autoritários e totalitários.

O que nós devemos temer hoje, numa época de «frustração existencial», não é exigir de mais do Homem, mas exigir de menos[1].

Para o seu bem, o ser humano necessita de enfrentar alguma dificuldade diante da qual possa descobrir as capacidades

---

(1) Viktor Frankl, *Sede de sentido*, 3ª ed., Quadrante, São Paulo, 2003.

potenciais que traz dentro de si, e para desenvolver a já mencionada resiliência. Os adolescentes em especial, repito, gostam desses desafios, querem ser exigidos! Quando poupados de toda e qualquer dificuldade, podem partir em busca de outros desafios que impliquem risco, ocasiões em que fiquem mais expostos a toda a sorte de perigos. Fracos de vontade, ficam à mercê da marginalização, da prostituição, das drogas e acabam por corromper-se...

Em geral, no cotidiano da vida de todo o ser humano, três perguntas se apresentam à Inteligência e à Vontade:

— Posso?
— Quero?
— Devo?

Nos adolescentes em especial, tais situações são fonte geradora de angústia, porque contrastam com essa característica sua de se julgarem e sentirem capazes de tudo. O "posso" apresenta-se de imediato e faz com que se lancem, também de imediato, ao encontro do que julgam que podem. Depois, no entanto, deparam com a "incrível tenacidade do real" — aquela resistência que todas as coisas, para serem feitas, opõem à nossa vontade —, e murcham, retornam de asa caída ou deixam as tarefas a meio fazer, pulando para outras.

Esta característica, a de começar muitas coisas e terminar muito poucas, faz parte do seu crescimento, e não deveria levar-nos a nós, adultos, a reclamar — às vezes não somos lá muito melhores... Mas faz com que eles deparem, em momentos de introspecção, com o fato de que há uma enorme distância entre a imagem que fazem de si mesmos e a realidade do que são capazes de pôr em prática. Daí as angústias.

Em princípio, e se não os conduzirem ao desânimo e à desilusão, essas angústias são saudáveis, porque os conduzem ao realismo. Mas é preciso ajudá-los a superar as baixas de ânimo. Podemos comentar com eles, por exemplo, a sabedoria do caminhoneiro, cujo veículo trazia escrita no para-choque uma frase óbvia, mas importante: "A vida é dura para quem é mole!" Enfatizar com eles que vale a pena lutar, esforçar-se, sacrificar-se em busca do ideal! E que todo o ideal que vale a pena só se alcança com sacrifício.

Um segundo ponto a considerar consiste em levá-los a compreender que, à medida que amadurecemos, precisamos inverter a ordem das perguntinhas que apontávamos. Em vez de "Posso?-Quero?-Devo?", a pessoa madura se pergunta: "Devo?-Quero?-Posso?" E depois esforça-se por identificar o seu *querer* com o seu *dever*, isto é, por querer de verdade, pondo o empenho necessário em fazer tudo aquilo que deve. Bem podemos dizer que o segredo da paz e da serenidade reside neste ponto.

Isto leva-nos ao objetivo, à matéria desse tripé: as virtudes e valores.

Educação nas virtudes e nos valores

Quem ainda fala, quem ainda vive as virtudes em família e na vida? Paciência, a fortaleza de saber "aguentar", alegria, tolerância, pontualidade, ordem... Como a vida em sociedade e na própria família seria melhor se resgatássemos o cuidado e o aprendizado das virtudes!

É no seio da família que se ensinam as virtudes. Tudo começa pelos conhecidos *limites* — que não são as virtudes nem as substituem, mas *preparam* crianças e jovens para vivê-las —; importa muito que os filhos aprendam desde cedo a conhecê-los, para distinguir na prática o que devem e o que não devem fazer. Saber dizer *não* e *por quê*, com as devidas explicações do *por que não*, é fundamental na educação. É este aprendizado em família que oferece um bom preparo para enfrentar as dificuldades que a vida cotidiana apresenta.

Uma pesquisa realizada pela Universidade de Columbia (EUA), com mil jovens entre doze e dezessete anos, mostra que os adolescentes cujos pais fixaram uma cultura de regras claras em casa tiveram melhores resultados quanto a evitar fumar, beber e usar drogas. A pesquisa, apesar do "controle rígido" exercido naquelas famílias, mostrava também que era muito boa a relação entre esses pais e filhos.

Essas famílias punham em prática pelo menos dez das doze orientações seguintes:

— atribuir aos filhos tarefas domésticas regulares;
— monitorar aquilo a que os filhos assistem na TV;
— controlar o que fazem na internet;
— restringir compras de discos;

- saber o que fazem depois da escola e nos fins de semana;
- pedir que contem a verdade sobre onde vão à noite e nos fins de semana;
- acompanhar de perto o desempenho escolar;
- deixar claro o desapontamento que os pais terão, caso os filhos venham a usar drogas;
- ter um adulto presente quando o filho volta da escola;
- desligar a TV durante o jantar;
- jantar com os filhos quase todas as noites;
- estabelecer horários para dormir[2].

São atitudes educativas, de quem ama, e os pais não se devem sentir constrangidos em adotá-las em família. Mas vale lembrar que, cada vez, mais à medida

---

(2) *Veja*, 14/03/01, p. 143.

que os filhos crescem, e sobretudo depois que entram na adolescência, é preciso *explicar* as regras mais do que apenas *impô-las*. Umas palavras simples, oportunas, positivas.

Assim, por exemplo, os pais não devem ter a menor vergonha de dizer:

— É bom que você se acostume a comer o que está no seu prato..., mas sem acrescentar acusadoramente:

— Quanta gente daria tudo para estar no seu lugar...

Nessa hora, eles desligam! Ser breves e afirmativos.

Neste sentido, embora os adolescentes se rebelem às vezes contra as regras — faz parte do seu amadurecimento, insisto —, não têm a bem dizer problemas com a *autoridade bem exercida* por parte dos pais. O que não suportam e é extremamente nefasto para toda a convivência familiar são o *autoritarismo*, por um lado, e a *insinceridade* de que às vezes tendemos a lançar mão quando queremos "livrar-nos de problemas". Assim, uma das coisas de que mais se ressentem é que os adultos lhes prometam o que de antemão não querem ou não podem cumprir. A grande regra é *não enganar nunca!*

Isto é válido também com relação a qualquer tipo de limitações físicas, à necessidade de repouso nesta e naquela situação, bem como, por exemplo, às famosas injeções semanais de penicilina para controle de febre reumática, sempre explicadas sem dramatizar e também sem disfarces e evasivas[3].

---

(3) Não poderia deixar de comentar aqui sobre os adolescentes portadores de deficiências físicas ou mentais. Como lidar com eles? Tenho observado que a melhor forma de a família conviver com eles é tratá-los com naturalidade, estando atentos às suas necessidades, sim, mas sem manifestar pena, sem fazer em lugar deles o que podem fazer — mesmo que com maior lentidão... Nestes casos, o importante é saber esperar sem ficar olhando o

Por outro lado, vale lembrar aqui que é necessário viver a virtude da *discrição*, que nada tem a ver com insinceridade, mas apenas evita que se faça pesar sobre os filhos preocupações indevidas. Os pais não devem, por exemplo, dividir os seus temores e problemas pessoais e particulares com os filhos, como se fossem seus amiguinhos... Há situações que devem ser tratadas apenas pelo casal, já que os adolescentes, com a sua visão ainda muito "preto no branco", acabam facilmente por "tomar partido" pelo pai ou pela mãe e assumem indevidamente o papel de "consultores" ou juízes, porque não estão em

---

relógio, sem ansiedade ou mau-humor. Falar com franqueza sobre as suas dificuldades, ajudar no que precisem, proporcionar-lhes a assistência conveniente: médica, fisioterápica, ocupacional, psicológica e/ou psiquiátrica, dentro das possibilidades de cada família, mas sempre cercando-os de muito carinho e amor, sem sufocá-los...

condições de entender os problemas dos pais, além de que não seria justo e viria em prejuízo para a formação deles próprios. Até que atinjam a fase final da adolescência — dezoito, dezenove anos de idade —, não terão maturidade para suportar nem decidir aquilo que é da competência dos adultos. Já chegará a sua vez...

Agora, comentar, por exemplo, as dificuldades financeiras é bom, porque os filhos — de qualquer idade — devem partilhar o que é comum à família, a fim de que colaborem, solidarizando-se. Aos pais compete corrigir, mostrar caminhos, aceitar sugestões.

Sendo a adolescência a idade em que é preciso começar a *conversar* com os filhos, perguntemo-nos se conversamos com eles sobre os *valores familiares*. Quais são? Como é que lhes ensinamos (começando por viver) a honestidade, a sinceridade, a obediência, a ordem, a liberdade? Quando no mundo todo se observa sede de poder e corrupção, como é que trabalhamos em casa os valores e as virtudes que se contrapõem a todos esses desmandos e conferem a força necessária para resistir-lhes?

Em relação, por exemplo, à *liberdade*, será que ela é entendida dentro de casa como a possibilidade de fazer o que se tem vontade, ou antes se mostra aos filhos que se deve respeitar o direito dos outros? E como se vive em família a *responsabilidade*? Os filhos são formados para responder pelos seus atos? O clima é de medo ou de compreensão, embora o erro seja punido? Perante as dificuldades, a atitude dos adultos é de se esforçarem por não queixar-se, de não se abaterem nem caírem na autocompaixão? Como faz bem rever a importância de se viverem todos e cada um dos valores em família!

Está muito difundido um falso pudor no que diz respeito justamente a estes temas, o que muitas vezes esconde apenas a nossa preguiça. É claro que precisamos ter procurado definir *antes* quais são os nossos valores pessoais, ter refletido, buscado respostas e a adequada formação. Se não o fizemos até agora, ao menos apressemo-nos a remediar na medida do possível o que deveríamos ter prevenido. Toda a hora é boa para começar.

Esta capacidade de *pensar*, de *refletir por conta própria* sobre o que é realmente importante na nossa vida necessita ser mais valorizada pelos educadores em geral, especialmente nestes tempos em que a televisão, o computador e a internet ocupam cada vez mais espaço na vida de todos. Com isso, crescem entre os jovens a "informação" sem quê nem para quê, a curiosidade boba, o hábito de proceder por tentativa e erro, o sentimentalismo subjetivo e individualista, os atos reflexos e o automatismo, deixando para trás o raciocínio, a lógica, a construção de uma autêntica *cultura* e *sabedoria de vida*. Aos adultos compete ajudar os adolescentes a refletir, ou seja, a aprender a passar um "videotape" dos fatos e acontecimentos do dia a dia, voltando a pensar neles, a pesá-los em função dos valores que se pretende viver.

A grande tarefa da formação das virtudes dentro da família realiza-se incutindo nos filhos o amor ao *trabalho* em casa, porque é muito bom fazer o adolescente aprender que "a casa é de todos", que cada membro tem uma tarefa e que lhes cabe dividir, partilhar, servir, dar e dar-se!

Por sua vez o *lazer*, que consiste em realizar aquilo que distrai e traz alegria, ocupando de modo salutar o tempo livre, deve ser associado às amizades, acenando com a possibilidade de procurar fazer visitas aos mais necessitados, de abrir os olhos saindo do mundo interior em direção àqueles que precisam mais. Isto faz com que os jovens, naturalmente solidários, se sintam úteis e não se desencaminhem por veredas de risco evidente.

Por fim, outro aspecto de fundamental importância são as *boas maneiras* no ambiente doméstico, que realizam uma verdadeira educação para a civilidade. Observa-se com frequência que muitos pais e mesmo professores encaminham crianças e jovens para um tratamento psicológico por "distúrbios de conduta e comportamento" que, bem observados, muitas vezes nada mais são do que puras *faltas de educação*...

Há alguns anos, a Rádio Jornal do Brasil transmitia diariamente às seis horas da manhã um programa intitulado "Pílulas de otimismo", apresentado por Dom Marcos Barbosa, do Mosteiro de São Bento do Rio de Janeiro. Certa vez, o monge comentou:

— Há cinco palavrinhas mágicas em educação: Bom dia — Por favor — Obrigado — Desculpe — Sempre às ordens...

Se todos nos empenhássemos em utilizá-las mais e ensinar os mais jovens a usá-las também, que diferença haveria nas famílias e na sociedade! Cada um saberia esperar a sua vez, aprenderia a compartilhar, a servir; começaria a perceber como é importante ter horários e disciplina, saber sorrir, fazer "boa cara" — mesmo! —, quando as coisas não correm como se esperava... Numa palavra, a volta da boa e saudável educação que se deve aprender em casa...

Enfim, virtudes, valores. Há bons livros sobre o tema da formação religiosa dos filhos[4]; é necessário lê-los, relê-los, meditá-los. Aqui, só queria trazer algumas pinceladas leves para animar os pais.

A formação religiosa não é, na adolescência, uma batalha perdida, muito pelo

---

(4) Por exemplo, James Stenson, *Enquanto ainda é tempo...*, Quadrante, São Paulo, 2002, e Jesús Urteaga, *Deus e os filhos*, Quadrante, São Paulo, 1986.

contrário. Está ganha desde já, se os pais souberem dar exemplo de fidelidade à Missa aos domingos, à confissão e à comunhão frequentes; se souberem perseverar em algumas orações em comum, e se forem eles os *catequistas* dos seus filhos desde a mais tenra idade e cuidarem depois de continuar regando a plantinha da fé.

Não é "automático" que os adolescentes deixem de acompanhar os pais na ida à igreja, nas orações e na prática dos sacramentos, que são sempre o "sal" que preserva da corrupção e "fonte de energia". Cabe aos pais pela sua piedade ilustrada e firme, nada espalhafatosa, pela luz da doutrina que saberão transmitir, fazer os adolescentes compreenderem e jamais esquecerem a equação que alguém enunciava com graça e uma lógica que até dava rima: "Católico não praticante? Ciclista não pedalante"...

Antes, falamos de "crises"; e bem podemos terminar lembrando estas palavras de um santo dos nossos dias:

"Um segredo. — Um segredo em voz alta: estas crises mundiais são crises de santos"[5].

Não é um projeto de vida fantástico para ser apresentado aos nossos adolescentes?

---

(5) São Josemaria Escrivá, *Caminho*, 14a. ed., Quadrante, São Paulo, 2023, n. 301.

CONCLUSÃO

Finalizando, permitam-me copiar um trecho que li na biografia de um grande personagem dos nossos dias. Vejam que bela descrição, perfeitamente aplicável aos adolescentes que amamos e desejamos ver amados:

> Quem consegue assomar ao parapeito da alma de outro homem sem ficar com vertigens? Quem se atreve a viajar com desenvoltura pela intimidade de outro homem? Quem tem a audácia de pisar no profundo, no secreto, no recôndito, no sagrado de outro homem? Quem se arrisca por essa selva escura ou por esse abismo luminoso que é sempre o mistério de outro

homem? Dir-se-ia que, chegados a esse umbral, ouvimos como Moisés no Sinai: "Descalça as sandálias porque o lugar em que pisas é terra santa"[1].

Na verdade, educar um ser humano é penetrar no mais íntimo de uma vida que não pertence aos pais e, para dizer a verdade, nem à própria pessoa — porque é um Dom que não se fez nada por merecer, é algo de grandioso, profundo, um mistério que, de tão extraordinário, foi ficando comum, rotineiro, visto e vivido como um fardo pesado e desagradável.

Você, caro leitor, acha que o mundo vai mesmo mal? Que anda fazendo para que melhore? Não se esqueça de que todos somos responsáveis por todos e cada um dos nossos semelhantes! Esta é a hora! Esses adolescentes são o nosso "campo" onde

---

(1) Pilar Urbano, *O homem de Villa Tevere*, Quadrante, São Paulo, 2021, p. 161.

os sulcos estão bem arados, prontos para a semeadura dos valores, das virtudes, de tudo aquilo em que acreditamos — a nossa Fé, a nossa Esperança, o nosso Amor! Não podemos deixar as oportunidades escaparem, sem fazer a nossa parte!

Que fantástico o papel dos pais e educadores nesta urgente e bela tarefa de resgatar o valor da vida humana, sempre única, sempre maravilhosa, sempre surpreendente!

> Oxalá nós, os filhos da luz, ponhamos em fazer o bem, pelo menos o mesmo empenho e a obstinação com que se dedicam às suas ações os filhos das trevas! Não te queixes! Trabalha antes para afogar o mal em abundância de bem![2]

---

(2) São Josemaria Escrivá, *Forja*, Quadrante, São Paulo, 2023, n. 848.

ADOLESCÊNCIA: PROBLEMA OU OPORTUNIDADE?

Trechos, revistos pela Autora, da entrevista concedida ao Programa Tribuna Independente, da Rede Vida de Televisão, no dia 13/02/04[1].

Agradeço o convite e agradeço também aos telespectadores por me permitirem entrar nas suas casas e conversar um pouco sobre um tema tão fascinante

---

(1) Às sextas-feiras, o Programa Tribuna Independente da Rede Vida é produzido em colaboração com a Acea — Associação Cultura e Atualidades. Nesta entrevista, as perguntas foram formuladas pelos debatedores — Luiz Carlos Fabrini, Apresentador da Rede Vida; Vera Lúcia Fornari, Assistente Social; e Cristina Zanni, Psicóloga —, e por diversos telespectadores. A íntegra da entrevista, bem como

como é a adolescência. A adolescência é enfocada por muitas pessoas como um grande problema, mas na realidade não o é, é um desafio e uma oportunidade. Vamos ver, pois, se podemos amenizar um pouco essa ideia de que a adolescência é um problema.

Como evitar que a fase da adolescência seja aquela em que os pais se tornam insuportáveis?

Primeiro, os pais devem ter a tranquilidade de saber que os filhos *não são seus*. O grande escritor Khalil Gibran, que é meu patrício, libanês — sou filha de

---

de outra mais recente no mesmo programa (*A liberdade e os limites na adolescência*, de 11/2/05), pode ser vista no *site* da Quadrante, www.quadrante.com.br. Os originais, em forma de fita de vídeo, podem ser pedidos à Acea por meio do e-mail aceaong@uol.com.br. Agradecemos à Acea e à Rede Vida a autorização para reproduzir as entrevistas.

libaneses —, já o dizia: "Os vossos filhos não são vossos". Numa família em que Deus é o centro da vida familiar, os pais devem sempre pensar que os filhos são um "empréstimo" que Deus lhes faz.

Depois, o pensamento de que eles são adolescentes, e de que a adolescência é apenas uma fase, faz com que os pais se *unam mais*: que se unam em termos de exemplo de vida. É uma idade em que já se ensinou — em que já se *deve ter ensinado* aos filhos pequenos — as coisas mais repetitivas. Assim, quando chegam à adolescência, o que se deve fazer? *Dar exemplo* e *ouvir mais do que falar*.

Isso dará *tranquilidade* aos pais e aos filhos. Vai haver altos e baixos, tem de havê-los, porque as pessoas não são gelatina: têm as suas personalidades, e o adolescente é uma personalidade que se abre para a vida. Em consequência disso, quer afirmar-se, e afirma-se contestando, e contestando quem? Os que ele sabe que vão amá-lo incondicionalmente: os seus pais. Portanto, fiquem serenos, não se aflijam, pensem sempre: a adolescência vai passar, este é um momento, e este momento, tenho de vivê-lo com intensidade, junto com eles.

Quando um filho entra na adolescência, é comum que os casais comecem a desentender-se a respeito dele. Um dos pais pode querer controlar o filho, o adolescente pode recorrer à benevolência do outro, e aí começam os desentendimentos entre pai e mãe. O que você sugere aos pais para manter a harmonia?

O adolescente é inteligente, e pode às vezes fazer um "jogo" se perceber que os pais não se estão entendendo em relação a ele ou ela. Pode começar a fazer o joguinho do "papai deixou, mamãe não deixa, papai é que é bom, mamãe não é", e vice-versa. O que nós devemos fazer, não só nesses casos, é ajudar cada vez mais os casais a serem *um*, a falarem a mesma linguagem. Sempre que "o papai quer deixar" e "a mamãe não quer deixar", eles devem resolver isso *antes*, entre os dois, sem deixar que os adolescentes percebam que estão em desacordo. Um e outro dirão, por exemplo, ao filho: "Vamos esperar o papai e resolvemos juntos", ou: "O que a mamãe achou disso? Vou conversar com ela".

Há pais que, com a intenção de se aproximarem mais dos filhos adolescentes, se fazem "um adolescente a mais". Como os filhos veem esses pais? Isso de fato aproxima?

Os filhos não gostam nem um pouco disso. Eles querem que os pais sejam pais, não que se vistam como eles ou falem como eles. Às vezes, com a melhor das intenções, podemos começar a falar a linguagem deles; assim como isso não é bom para a criança, porque a criança precisa ouvir português correto para aprender a falar corretamente, também não é bom para o adolescente, que precisa de *modelos*, modelos de adultos a quem queira e deva imitar.

Se os pais não se propõem ser modelos e querem ser iguais aos filhos adolescentes, primeiro, estes não os aceitarão nessa posição, e, segundo, ficarão sem referencial. Serão como uma trepadeira que não tem onde agarrar-se. Irão crescendo desgovernados e depois acabarão caindo, deixarão de ser aquela árvore bonita e ficarão rasteiros. É muito importante que os pais se ponham na posição de *pais* para que os filhos saibam por onde devem caminhar a fim de chegarem adequadamente à vida adulta.

Qual a melhor forma de dizer "não" a um adolescente quando a sociedade e a mídia em geral fazem a apologia do "sim", principalmente no consumismo da moda, em que ficar igual aos outros é sinal de "maturidade" e "independência"?

O adolescente parece-se, quer ser parecido com os outros, porque na adolescência uma das características é o grupo. Ele não quer destoar do grupo, veste-se como os outros, fala de maneira igual, comporta-se de maneira igual. Para os pais, é muito complicado dizer "não" quando tudo, realmente, conspira contra eles. É difícil dizer "não", mas nós temos de acostumá-los a viver dentro dos limites estabelecidos em casa. E nessas circunstâncias um "não" dito com graça, com delicadeza e com firmeza — porque carinho e firmeza combinam muito bem na educação —, permite que os filhos aprendam com segurança.

No consumismo, nós precisamos ir à frente deles. A tentação de comprar, a tentação do "último modelo" — seja de um aparelho eletrônico, seja de uma roupa, seja de uma grife (eles gostam muito de grife!) — é muito forte. E se nós lhes mostramos que isso não é o mais importante, que não é mais importante a roupa do que a pessoa, vamo-los ensinando a fugir da coisificação.

Na realidade, nós precisamos é disso: saber dizer "não" com carinho, explicando a razão uma vez, duas vezes e também a terceira vez, porque eles são insistentes. E podemos muito bem dizer: "Não porque não é o momento, não está na hora, e vamos fazer agora o que deve ser feito. Você só me está enrolando". Sempre há meios de dizer "não" e de ajudar a distinguir, na própria mídia, nos meios de comunicação de um modo geral, os apelos que são mero consumismo daqueles que são realmente válidos. Isso é algo que sempre lhes podemos mostrar e que contribui poderosamente para formar neles o senso crítico.

O problema é que isso requer tempo, um tempo que às vezes os pais não podem ou *não querem* ter, mas que é preciso resgatar na nossa vida cotidiana.

No seu livro Família e televisão, *você cita um "trio típico" que acompanha alguns adolescentes: a TV, a poltrona e a geladeira. Como incentivar os nossos filhos a buscar alternativas?*

Primeiro, buscando nós mesmos essas alternativas, porque não são só os adolescentes que vivem nesse que já se chamou jocosamente "Triângulo das Bermudas" — a televisão, a poltrona e a geladeira.

Os estudiosos da obesidade na adolescência constataram que estar imóvel e comer diante da televisão leva realmente não só ao sedentarismo, mas a não aproveitar os alimentos que a pessoa ingere, e aliás nem saboreia, pois come quase que por compulsão.

Por outro lado, se a gente come a horas certas, não engorda demais. Portanto, ter horário para comer, não lambiscar, não ficar abrindo a geladeira a toda a hora.

Dentro dos limites que os pais vão ensinando aos filhos na família, um dos temas de que os adolescentes não gostam, mas precisam seguir, é, pois, o do horário. Quando lhes passo uma receita, prescrevo poucos medicamentos — apenas os que são muito necessários —, mas invariavelmente eles saem do consultório com uma "receita de horários": horário para levantar, horário para comer, horário para praticar esporte, horário para assistir à televisão — não à *televisão*, mas a *programas* de televisão —, videogames, internet, e horário para dormir.

Também lhes pergunto:

— Você estuda?

— Estudo.

— A que horas?

— Das sete às onze.

— Não, das sete às onze você vai *ao colégio*! A que horas você *estuda*?

— E precisa?!?...

É uma das perguntas que fazem, porque, realmente, têm o dia muito cheio de atividades, ou então têm de trabalhar. O trabalho de uma criança é brincar; já o trabalho de um jovem ou um adolescente, como aliás de uma criança em idade escolar, é *estudar*, e eles devem levar isso muito a sério! E para isso precisam de um horário de estudo.

A falta de estudo incentiva aquilo que os espanhóis chamam *"poltronería"*, poltronice, quer dizer, esse comodismo, essa preguiça... Se o adolescente é "naturalmente" preguiçoso, nós precisamos tirá-lo dessa poltrona: não só da poltrona física, mas da poltronice de levar as coisas assim deitado...

Alguns pais confundem orientar *com* falar *apenas, com aquele jeito sempre igual, tal como na música do Chico Buarque: "Todo dia ela faz tudo sempre igual". Às vezes, os pais tendem a repetir as mesmas instruções no mesmo tom de voz; quando a mãe ou o pai começam a falar, o filho já sabe exatamente aonde eles vão chegar... Isso funciona?*

Não, é claro que não. É preciso ter sabedoria. É necessário repetir para ensinar, mas de maneira entremeada com "aquele" detalhe de graça que evita que tudo seja repetitivo, monótono. A mesmice, que é ruim para os próprios pais, faz com que os adolescentes digam: "Pronto! Ah, já ouvi isso quinhentas vezes". E desligam, desligam mesmo.

Por exemplo, no tema da geladeira, da poltrona, do comer na sala: vez por outra, não há por que não permitir, e até, em determinadas ocasiões, toda a família pode ir comer diante da televisão, como se fosse um piquenique, digamos assim; mas não deve ser o habitual.

A família tem de ter um horário para as refeições; e ao menos uma delas deve ser feita em família, até porque é a hora de os mais jovens aprenderem as boas maneiras à mesa: como pegar um talher, um garfo, uma faca, como usar o guardanapo, que os cotovelos não devem ficar apoiados sobre a mesa, e outras noções de etiqueta.

Mas além disso tem de haver de vez em quando uma louça boa, quem sabe luz de velas, uns castiçais, *aquela* toalha bonita — os filhos "amam" essas coisas... É preciso ter a sabedoria, a picardia, de fazer com que os filhos digam quando chegam em casa: "Ué! Será que tem visita hoje?" Porque veem os talheres bonitos, a mesa bonita, um arranjo de flores bonito. E depois têm a surpresa: "Não, é para nós!" A mãe tem de fazer, vez por outra, *aquele* prato, que já se sabe que é o da família... Tudo isso conquista, faz com que as pessoas tenham gosto de voltar para casa, pois sentem que aquilo é um lar, não simplesmente uma moradia.

Que fazer, concretamente, quando um filho diz que não sente nada pelo sexo oposto, mas sim pelo homossexualismo? Como tratar disso se os próprios profissionais e psicólogos não apontam nenhuma solução?

Não há uma idade determinada para se começar a explicar a sexualidade. Quando a mãe pega um bebê no colo, e quando o pai o pega, a criança já recebe as suas primeiras noções de sexualidade, porque os braços do pai, o cheiro do pai, o tronco do pai, o afago do pai são diferentes dos da mãe, e a criança pequenina, recém-nascida, já percebe isso. E à medida que cresce, vê os diversos papéis do pai e da mãe.

A homossexualidade é complexa, porque se tem de ter bastante atenção, já desde que são pequenos, com o direcionamento das suas tendências — brincadeiras, brinquedos, tendências, vestuário —, mas sem etiquetar ninguém. Há um perigo muito grande em rotular as pessoas, as crianças, os adolescentes, quando o mais importante é que se *fale claro* com eles.

Muitos me procuram para que eu converse com os filhos, mas eu os oriento a conversarem eles mesmos, ou o pai ou a mãe, quem tiver mais facilidade. Procure, chame o seu filho ou a sua filha para um lanche, para uma coisa agradável, só vocês dois, e sentem-se e perguntem: "Filho, filha, o que está acontecendo com você? Como é que eu posso ajudar? Que tipo de ajuda você deseja? Porque no seu comportamento, na sua atitude, tem alguma coisa que não vai bem!" E falem claro, porque toda a verdade, toda a sinceridade, principalmente dos pais diante dos filhos, chega ao coração deles. Nunca falar por trás!

Sou profissional, posso falar com conhecimento profissional, mas chegar ao coração dos filhos é *tarefa dos pais*. Por isso, gosto muito de orientar os pais para que sejam eles que falem com os filhos. O tema da homossexualidade, como também as dificuldades com drogas, as dificuldades com más companhias, as dificuldades de comportamento, de estudo, de conduta, tudo isso são temas em que os pais devem ser os primeiros interessados, para que os filhos caminhem bem na vida.

Para a homossexualidade, há tratamento, sim! A homossexualidade pode ser tratada[2]! Muitas vezes apresenta-se

---

(2) Sobre este tema, ver a obra de Gerard van den Aardweg, *Homossexualidade e esperança*, Diel, Lisboa, 2002. O Prof. Aardweg, psiquiatra holandês, tem obtido índices de 60% de cura dessa patologia,

a homossexualidade às pessoas como um "padrão de comportamento" próprio, como um "gênero", mas a verdade é que não existe um "terceiro sexo". A natureza é muito sábia, fez o homem e a mulher; é impossível que haja um gênero "intermédio". Nem a ciência — pelo menos até onde se conhece — é capaz de criar um terceiro sexo.

A manipulação, muitas vezes por parte dos meios de comunicação, ou de muitos profissionais da saúde desavisados, vai criando uma confusão enorme na cabeça dos adolescentes, dos jovens e de muitos pais. Antes de mais nada, é preciso que se tenham ideias claras: não há terceiro sexo, há dois "gêneros" na natureza,

---

o que representa uma porcentagem muito expressiva para uma doença da afetividade. Nessa obra, o autor estuda com extrema delicadeza e respeito tanto o diagnóstico como o tratamento da homossexualidade.

masculino e feminino, e acabou-se. Não há homossexualidade *normal*.

Compreendemos, recebemos com muito carinho e com muito respeito alguém que seja homossexual. Mas ainda não atendi *nenhum*, na intimidade de uma consulta, *que se sinta feliz*, porque eles mesmos, e elas mesmas, sabem que há alguma coisa que não vai bem. É esse inconsciente que nós trazemos dentro de nós que sinaliza!

Pode haver doença? Pode. Pode haver distúrbio hormonal? Pode. Pode haver distúrbio pedagógico? Pode. Pode haver uma série de intercorrências. É uma situação muito complexa para que a gente responda aqui, diante da televisão; é muito delicada. Mas procurem entender que o carinho, a caridade entre as pessoas, muito mais do que em dar coisas, consiste em *compreender*. Mãe e filhos, pai e filhos, entrem no coração uns dos outros, e amem de verdade aquele outro, com toda a intensidade do seu coração; e, se for o caso, até aceitem uma condição que a pessoa apresenta como "escolha" sua, mas deixando claro que pode e deve ser tratada.

Depois, há bons profissionais que, se os filhos quiserem procurá-los, não se negarão a atendê-los e a fazer um bom acompanhamento. Com delicadeza, pode-se mostrar a uma pessoa que tenha tendências homossexuais que ela não precisa necessariamente passar à prática homossexual, que é onde reside a problemática. Muitos podem ter tendências homossexuais, sentir-se melhor na companhia de alguém do mesmo sexo do que do sexo oposto, mas daí à prática vai uma distância muito grande! O que está acontecendo é que a pessoa às vezes pensa que é "irreversível": "Já estou nesse caminho, agora não há como recuar..." Não, nós não somos rios! Os rios nunca voltam atrás, mas nós *podemos* voltar atrás!

Um médico, sobretudo, deve ser um homem ou uma mulher de esperança! Um médico nunca deveria dar as coisas por terminadas enquanto houver um sopro de vida. Fujam de um médico que não tenha esperança!

Portanto, sempre há um caminho, sempre há uma luz no fundo do túnel, como se costuma dizer.

Com relação aos limites no uso do dinheiro, como é que a gente pode orientar os filhos? E o problema geral de todas as famílias em relação ao telefone, o tempo gasto no telefone? E outra coisa muito importante, um tema em que a gente infelizmente não conta com a ajuda das escolas: a opção profissional. Como ajudar os adolescentes a optar pela melhor profissão?

Quanto ao uso do dinheiro, é diminuir a conta bancária e prestar mais atenção. Saber dosar. Há famílias que têm o costume da mesada ou da "semanada", e isso é interessante porque os filhos vão aprendendo a usar o dinheiro; em princípio, porém, deem aos filhos menos dinheiro e mais atenção.

Com relação ao telefone, internet, meios de comunicação, realmente é muito importante o *limite*. Mesmo que eles, com a sua mesada, cubram a sua parte, é importante mostrar o alcance social de um telefone, que deve ser usado apenas para notícias curtas, para marcar um encontro, entrevista ou consulta, para combinar detalhes de um assunto ou outro. Também acerca deste tema os pais devem dar exemplo.

Quanto à internet, é a mesma coisa; não tenham computadores, internet obviamente, e televisores nos quartos dos filhos (aliás, também não nos próprios!). É muito importante ter *um* aparelho, *um* computador e *um* aparelho de televisão numa parte comum da casa, na sala por exemplo, porque minimiza a preocupação com "o que eles estarão vendo", "com quem estarão conversando na internet". É importante que as famílias vão, devagarinho, abolindo a televisão nos quartos, porque é a pior companhia para os filhos... e para nós mesmos!

Quanto à *escolha profissional*, é importante que os filhos escolham, não em função do "quanto vou ganhar com essa profissão", não em função do gosto dos pais, não em função da *projeção* que esta ou aquela profissão possa trazer para a pessoa, mas em função das suas *aptidões*. Para isso, é preciso que os pais *conheçam os filhos*, quais são os gostos que aquele filho tem. E respeitem *a própria escolha do filho*: não podemos impor, mas podemos sugerir. É preciso *valorizar* o que eles têm, e por fim dizer-lhes: "Em última instância, a escolha é sua".

O que Deus representa na vida do adolescente, hoje?

O adolescente tem o desejo profundo de que lhe falem de Deus de um modo apropriado à sua idade. Mesmo quem teve a felicidade de nascer num lar cristão, ao chegar à adolescência terá de fazer de uma forma ou de outra a sua opção pessoal por Deus. Não será mais aquele Deus que papai e mamãe "me ensinaram a conhecer", mas aquele Deus que "eu vou conhecer por mim mesmo, pessoalmente".

O adolescente busca esse Deus das mais diferentes maneiras, mas quer que lhe falem de Deus. Nestes anos em que venho atendendo adolescentes, uma das perguntas que lhes faço sistematicamente quando conversamos, quando vou examiná-los, é se eles têm religião; a maioria diz "não", e eu lhes pergunto:

— Você acredita em Deus?
— É claro que acredito.

— E você sabe o que é religião?
— Não.

Ou seja, mesmo que frequentem a igreja, estão, muito provavelmente, desinformados do que seja realmente a vivência da união com Deus. No entanto, eles a querem e buscam, e é preciso que nós, em casa, os eduquemos para essa fé, essa fé concreta, essa fé de *tu a tu*, num Deus pessoal que me ama, que me vê, que me quer bem, a quem vou seguir.

Primeiro, tenho de conhecer: se não conheço, como vou amar? Depois que conheço, vou aprendendo a amar esse Deus no Evangelho, sobretudo esse Deus "encarnado" na vida dos pais. E quando os adolescentes veem que os adultos têm fé, que praticam, que vão à missa, quando veem que se esforçam por adequar a conduta a essa fé, ficam muitos felizes.

Como tratar da questão do namoro? Porque vivemos num ambiente altamente erotizado, e o adolescente sofre forte pressão para iniciar a vida sexual. O que a doutora nos aconselha, uma vez que o único conselho que se ouve por aí é que é necessário usar camisinha?

A telespectadora está pedindo um tratado. Vamos lá, primeiro a questão do namoro, tal como hoje se entende a palavra. Se houve em casa *educação da vontade*, um treinamento para o domínio da vontade, torna-se relativamente fácil convencer um adolescente a esperar. Tem um bombom na sua frente? Pois você vai estudar meia hora e só depois come esse bombom. Está com sede? Espere cinco minutos, com o copo na mão, conte até dez, depois beba um gole. Na hora, custa um pouco, mas são treinamentos acessíveis para a gente adquirir força de vontade.

Isso torna a pessoa capaz de opor ao apelo sexual o mesmo "não" que diz às drogas. Eu não tenho uma gavetinha da vontade para as drogas e outra gavetinha para o apelo sexual. É tudo *educação da vontade*, que é uma só. Se eu sei dizer "não" a mim mesma em coisas da vida diária, e se aprendo a olhar os outros com olhos respeitosos, vou saber resistir a qualquer apelo sexual.

Com os jovens, não se deve recorrer a uma pedagogia negativa. Nada de "É bom que você fique livre de doenças", "Não é bom que você engravide". Aliás, toda a propaganda da camisinha é enganosa, porque a camisinha realmente não oferece nenhuma garantia absoluta. Ninguém viajaria num avião se, na hora do *check-in*, a moça ou o rapaz nos dissesse: "Esse avião tem uma probabilidade em quatro, ou em três ou em cinco, de cair!"

Assim, é importante que o adolescente veja que é a *sua vontade* que está em jogo no caso do sexo precoce e que ele não pode ser um fraco. Uganda conseguiu diminuir em 65% os pacientes de Aids com uma propaganda positiva na televisão, nos meios de comunicação, nas igrejas, nos clubes... O Presidente mostrou aos jovens que *a abstinência é possível*, que é possível eles terem força de vontade, e com isso o país reduziu a contaminação gastando muito pouco dinheiro.

É preciso que o Brasil, as pessoas, as famílias brasileiras se unam neste sentido, e mostrem que namorar não é "ficar". Quando um adolescente me diz: "Vim aqui para aprender a dizer «não»" — muitos estão vindo à consulta com este objetivo —, procuro mostrar-lhe *por que dizer não*:

— primeiro, porque se você não amar a você mesma ou a você mesmo, não será capaz de amar mais ninguém; então, se você se ama, guarde-se;
— se você é capaz de amar o outro, saberá esperar, e esperar é que dá

valor às coisas; as coisas muito fáceis, a gente não valoriza. Saiba esperar, portanto.

Ao invés de apenas mostrar os riscos, é necessária, pois, a pedagogia positiva, e isso é em casa que se aprende. É em casa que se aprende a esperar por um copo d'água. É em casa que se aprende a não abrir a geladeira e ir comendo indiscriminadamente. É em casa que eu aprendo a não comprar porque "estou com vontade de comprar coisas". E assim, quando chega a tentação do "ficar", eles saberão o que fazer.

— Eu estou com vontade de "ficar" com a colega numa festa... — dizem-me —. O que é "ficar" para a senhora?

— Ah, você sabe, para mim, ficar é estar aqui no hospital enquanto houver pacientes para atender..., respondo.

Eles dão risada, mas depois a gente vai conversando a sério. "Ficar" é animalesco; você não é um animal, você é um ser humano. Um animal, um quadrúpede, tem coração, órgãos genitais e cérebro no mesmo nível. Você tem cabeça, coração e órgãos genitais, mas há uma hierarquia. O nosso sexo está aqui (nesse momento, aponto para a cabeça), a nossa verdadeira glândula sexual está no cérebro; é ele que comanda, tanto assim que uma pessoa que não tenha os órgãos sexuais tem desejo, tem libido. Por quê? Porque o seu cérebro está perfeito. Portanto, quem manda em você não é o que vem de fora; quem manda em você é a *sua decisão*. Está muito bem que você não "fique" ou não tenha relações sexuais porque você quer bem à sua mãe, não quer entristecer a sua família ou não quer pegar uma doença; tudo isso está bem, mas é pouco, é pobre.

Adolescente tem sangue de herói, e o que ele quer é ser exigido. Se você lhe propõe metas altas, ele vai lá! Nós é que ficamos com "peninha": "Coitadinho, ele não pode apanhar um pingo de chuva!..." Eles não são de papel, não vão desmanchar! Exijam deles, exijam com carinho, com firmeza, e... indo na frente! Eu preciso dar exemplo! Se os pais vivem a castidade matrimonial, a fidelidade, os filhos aprenderão em casa que vale a pena serem fiéis. E o Secretário Geral da Organização Mundial da Saúde dissem alto e bom som: "Somente a fidelidade dos casais e a abstinência dos solteiros será capaz de deter a epidemia de AIDS". Isto não é divulgado porque não convém a alguns.

Aos pais e aos telespectadores, gostaria de lhes dizer que sejam exigentes com os seus filhos; e sejam exigentes com vocês mesmos, porque vale a pena! Aprendi que tudo o que vale a pena, custa; nem tudo o que custa, vale a pena, mas o que vale a pena, custa, e vale a pena viver com qualidade de vida, vale a pena que, quando morrermos, possam dizer de nós que o mundo foi melhor e mais feliz porque vivemos nele.

Um abraço grande a todos vocês.

Direção geral
Renata Ferlin Sugai

Direção de aquisição
Hugo Langone

Produção editorial
Juliana Amato
Gabriela Haeitmann
Ronaldo Vasconcelos
Roberto Martins

Capa
Provazi Design

Diagramação
Sérgio Ramalho

ESTE LIVRO ACABOU DE SE IMPRIMIR
A 25 DE FEVEREIRO DE 2025,
EM PAPEL OFFSET 75 g/m².